Henri BOUVIER et Hippolyte HEMMER

L'abbé

Claude Bouvier

(1866-1914)

PROFESSEUR A L'ÉCOLE ST-MAURICE, DE VIENNE

PRÉFACE

PAR

Mgr Pierre BATIFFOL

Librairie Lecoffre
J. Gabalda, Éditeur
1926

L'abbé
Claude Bouvier

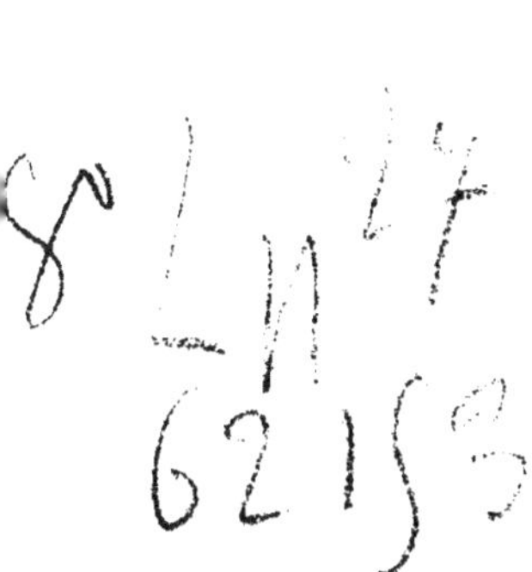

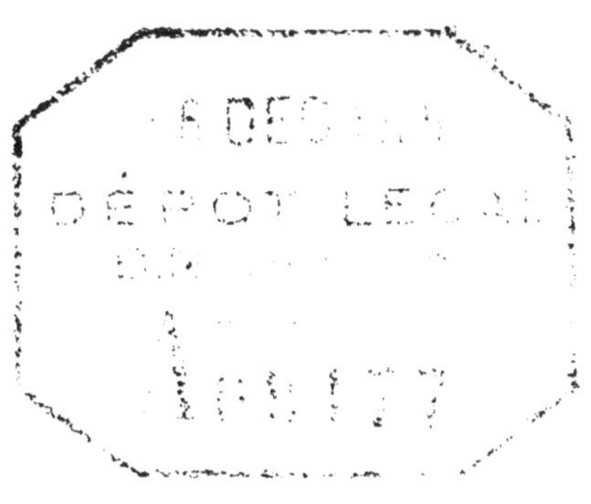

DE L'ABBÉ CLAUDE BOUVIER

L'Éducation religieuse. Entretiens à des mères chrétiennes. 4ᵉ éd., Gabalda...................... **7** fr. »

L'Éducation sacerdotale. Études, élévations et lettres. Paris, Gabalda.

La Charité à l'école. Discours. (*Épuisé.*)

Comment un catholique entre dans la vie. Discours. (*Épuisé.*)

Henri de Tourville (1842-1903). (*Épuisé.*

Vienne au temps du Concile (1311-1312). (*Épuisé.*)

Jean-Georges Le Franc de Pompignan (1715-1790). (*Épuisé.*)

Leçons de la guerre. Sermons. Chez l'abbé Henri Bouvier.................................... **4** fr. »

DE L'ABBÉ HENRI BOUVIER

Une Apologétique vivante : Frédéric Bouvier, de la Compagnie de Jésus. Edit. Spes............. **7** fr. »

Faites venir à moi les tout-petits (chez l'auteur M. l'abbé H. Bouvier, aumônier du Pensionnat Notre-Dame de Bon-Accueil, à Vienne (Isère).. **2** fr. »

Henri BOUVIER et Hippolyte HEMMER

L'abbé Claude Bouvier

PROFESSEUR A L'ÉCOLE ST-MAURICE, DE VIENNE

(1866-1914)

PRÉFACE

DE

Mgr Pierre BATIFFOL

PARIS
LIBRAIRIE VICTOR LECOFFRE
J. GABALDA, Éditeur
RUE BONAPARTE, 90

1926

PRÉFACE

La vie de Claude Bouvier s'est écoulée
entre les murs de la maison paternelle
d'abord, puis du séminaire, et enfin de la
chère école qui avait abrité son adolescence et fut l'unique champ d'action de son
zèle sacerdotal : cette vie pourrait paraître
tout intérieure et claustrée, si elle ne s'était
ouverte sur le monde de son temps par sa
curiosité, par sa culture, par ses sympathies, et si elle ne s'était épanouie en
des amitiés singulièrement fidèles.

On les verra, ces amitiés, mentionnées à
leur date, à leur place, au premier rang
l'abbé Hemmer et l'abbé Klein, puis l'abbé
Bouyssonie, l'abbé Ardant, et celui que nous
appelions naguère encore l'abbé Audollent,
aujourd'hui évêque de Blois, d'autres encore.
C'est de cette ouverture sur le monde, c'est

de ces amitiés, que je voudrais dire un mot
dans la brève introduction qu'attendent de
moi les deux auteurs de cette biographie,
amis très chers auxquels me lie l'affection
que nous avons eue ensemble pour Claude.

Je n'ai pas été à Saint-Sulpice le contemporain de Claude Bouvier, encore que j'aie
été ordonné prêtre à l'ordination de juin
1884 où il reçut la tonsure. Je le connaissais
à peine de nom, lorsque, un jour d'août 1902,
sur le chemin qui monte à Saas Fee, je ren-
contrai Félix Klein et lui : ils allaient à
Saas Fee où je villégiaturais. Du séjour que
nous fîmes ensemble cet été-là aux pieds des
Mischabels, son frère Henri et sa sœur avec
lui, date l'attachement profond que jusqu'à
sa mort j'ai eu pour Claude et qui fut pour
moi un si constant bénéfice. A dater de l'intimité de Saas Fee, en effet, il ne se passa
pas de vacances où nous ne fissions l'impossible pour nous retrouver. En 1903 je le
visitai en juillet à Vienne, en route pour
Arolla où il ne put nous rejoindre. En 1904,
nous étions à Zinal et à Val d'Isère ; en
1905, à Lagrave, face à la Meije ; en 1907,

aux Voirons, face au Mont Blanc ; en 1906,
au Pilat ; en 1911, à La Louvesc. Nous
aimions la montagne pour l'air pur et la
paix des hauteurs, sans être des alpinistes
pour autant. Claude Bouvier croyait aussi
aux eaux thermales : je le retrouvai en 1908
et 1909 à Plombières, en 1910 et 1913 à
Vichy. Le charme de la vie avec lui était
grand, et nous avons par surcroît vécu
ensemble des heures historiques. Au Pilat,
je revois la clairière où il m'apporta (il était
le premier à ouvrir les journaux) la lettre de
Pie X d'août 1906 rejetant toute adaptation
des associations cultuelles. A Vichy, je
revois le coin du parc où en 1910 il m'apporta le journal qui annonçait la condamnation du Sillon.

En 1914, je l'avais fin juillet attiré dans
une haute vallée que j'aimais, le Maderanerthal, l'abbé Hemmer et l'abbé Venard
nous avaient rejoints : c'est là que nous sur-
prit la guerre. Claude décida de partir
aussitôt, tandis que je retardais mon départ,
faute de croire aux dépêches ; je lui dis adieu
les larmes aux yeux, et je reverrai toujours

la petite caravane dévalant dans le chemin
muletier, en hâte, Claude en tête; nous ne
devions plus nous retrouver.

Quand je cherche à me rendre raison de
l'attachement inaltérable qui me lia à lui, je
réalise que notre éducation sulpicienne nous
avait donné cette conformité de sentiments,
de scrupules et de jugements, par quoi on est
sûr les uns des autres à fond, sans avoir à
s'expliquer. Cette « âme commune », je la
retrouve, identique, dans les lettres de
jeunesse que j'ai présentement entre les
mains, de séminaristes de 1870, qui s'appe-
laient Adolphe Amette, Jean Déchelette,
Paul Lecœur, Henri Lesêtre, et je vérifie
sans m'en offenser la boutade de quelqu'un
qui n'est pas de notre tradition, Henri Bre-
mond, me parlant avec humeur de « l'éternel
Henri Perreyve »! L'intéressant est de voir
ce que devient en chacun cet homme intérieur après dix ans, après vingt ans, de
pleine vie et de maturité.

En Claude Bouvier, cet homme intérieur
s'était dépouillé de sa juvénilité, mais il sur-
vivait à sa jeunesse. Il était établi dans une

piété régulière, méditative, allègre. Claude aimait ce qu'il croyait, selon un mot admirable de saint Augustin, et il laissait deviner ce qu'il aimait. Sa foi alimentait sa vie, source claire et jaillissante du jardin fermé de l'Église, où se désaltérait sa soif de sainteté.

De ses maîtres de Saint-Sulpice il avait reçu une formation doctrinale fondamentale. S'il s'était de prime abord, et sous l'influence de M. Vallet, épris de scolastique, si, l'émulation scolaire aidant, il avait été un brillant « argumentateur », la pratique des lettres et de l'histoire l'avait fait humaniste, mais sans le laïciser aucunement. Ses maîtres, M. Boisbourdin, M. Many, par exemple, avec leur doctrine si sûre, lui avaient inspiré le respect de la théologie et enseigné le prix des certitudes de bon aloi. Il entendait que toute nouveauté proposée avec bonne foi fût examinée avec prudence, et il n'eut pas admis que, du moment qu'il y va de la paix des âmes, cette prudence ne fût pas timorée. Il n'avait pas de goût pour les systèmes, moins encore pour les aventures.

Si l'on veut bien faire le compte de celles qui ont troublé le ciel de notre génération, on sera frappé que Claude Bouvier ne se soit laissé surprendre par aucune.

Il s'était voué à sa tâche de professeur avec une abnégation totale, et il suffisait à peine à sa tâche, mais il n'était pas emprisonné, appauvri par elle. Sa curiosité restait éveillée, elle était toujours en quête; son horizon, loin de se rétrécir, s'étendait, s'éclairait, s'animait sans cesse, tel celui qu'on avait de sa fenêtre sur le Rhône et sur les hauteurs qui encerclent Vienne, un des plus beaux paysages romains de France.

Je demandais à Claude : Que faut-il lire? Sa réponse était toujours une indication utile, sans ombre de snobisme, alors même qu'il me recommandait de lire tel livre de Romain Rolland, de Fogazzaro, de Barrès. Il les avait lus avant de les donner à lire, et il aimait à y découvrir un aspect de l'âme contemporaine, qui intéressait passionnément le psychologue et le moraliste qu'il était.

Qui voudra se faire une idée de cet attrait

devra lire les pages qu'il a écrites sur l'abbé
de Tourville. Il avait des amis qui comp-
taient parmi les plus fervents habitués de
Calmont ; il savait quels engouements
avaient suscités les idées sociales du
« maître » ; il avait dû être sollicité, après
bien d'autres, de se laisser conquérir à sa
méthode. Il étudia l'œuvre et l'homme, en
vue d'une conférence que Mgr Dadolle et moi
nous l'avions invité à faire. Je me rappelle
combien l'auditoire que je lui donnai, dans
une ville singulièrement lettrée et sensible,
fut sous le charme de sa parole. Cependant
de l'œuvre et de l'homme, c'était l'homme
qu'il préférait, le sociologue l'intéressait
infiniment moins que l'auteur spirituel, et
même en cela Claude ne sacrifiait pas sa
sympathie à sa prudence.

Il fut professeur de seconde, de rhétorique, d'histoire, dans l'école où il avait été
élevé, qu'il aimait, et où il devait mourir. Il
n'avait pas passé par un Institut catholique
pour se préparer à la licence ès lettres et se
former ainsi à l'enseignement : il fut un professeur improvisé, qui ne pouvait compter

que sur le conseil de son expérience journa-
lière : il fut bien vite un professeur excellent,
du fait de sa conscience professionnelle, de
ses talents innés, de sa justesse de jugement.
Il en alla de même de ses travaux d'histoire :
ils sont conduits avec une irréprochable
méthode, qu'il n'avait pas eue à apprendre
sur les bancs de l'enseignement supérieur, et
qu'il tient de son souci naturel de l'exactitude
et de l'ordre. Quel dommage que ces travaux aient tous été des travaux occasionnels,
et que le destin de Claude ne l'ait pas conduit à entreprendre quelque sujet de plus
d'envergure ! Quel dommage que les Facultés catholiques de Lyon n'aient pu mettre
à exécution leur projet d'appeler à elles un
maître qui leur eût fait tant d'honneur !

Claude Bouvier avait trop peu d'ambition,
pour en éprouver du regret. Il n'avait
aucune ambition, en effet. Servir est un
vieux mot qui a fait fortune en 1914, et
Claude l'a employé avec joie, mais il en
avait pressenti la valeur, il avait pratiqué le
détachement auquel il invite, et connu la
paix qu'il promet. Cependant nul moins que

lui n'était indifférent à l'activité de ses amis
et des amis de ses amis. Il fut un fervent des
Semaines sociales, dès le premier jour, et
il conçut pour l'abbé Thellier de Poncheville
une affectueuse admiration. Son frère Frédéric, appuyé par le P. de Grandmaison, le
conquit à l'idée des *Semaines d'ethnologie
religieuse*, dont il comprit tout de suite la
portée. Par son jeune collègue Louis Venard,
il était au courant de la critique du Nouveau
Testament. Il connut grâce à moi le P. Lagrange, dont il put apprécier l'élévation
d'intelligence et de caractère dans le séjour
qu'il nous fut donné de faire avec lui en
1905 à Saint-Bernard du Touvet, où l'avait
fixé un instant la délicate santé du cher
Père Vincent. Me permettra-t-on d'ajouter
que Claude fut pour l'œuvre qui m'était
échue à Toulouse une précieuse sympathie?

Par ses lettres (il était un correspondant
d'une régularité exemplaire), nous le sentions près de nous et vraiment il vivait de
notre vie : lettres charmantes, que je ne me
pardonne pas de n'avoir pas toutes gardées,
charmantes d'esprit malicieux, impubliables

par là même, car elles n'étaient écrites que
pour nous, et tout de même pleines de jugements sagaces et d'impressions gaies ou
moroses, où je retrouve maintenant le visage
rayonnant des suprêmes années du règne
de Léon XIII, les alertes du règne de Pie X,
de la séparation et du modernisme.

Il m'écrivait ainsi le 23 décembre 1906 :

« Pour que les souhaits de notre smala
vous arrivent, cher Monseigneur, en la nuit
de Noël, il faut que je songe dès ce soir à les
déterminer. Ah ! c'est bien difficile ! Au
temps où nous sommes, il faudrait vraiment
savoir pour cela ce que Dieu veut de nous,
et ce qu'il a résolu dans sa sagesse au sujet
des œuvres, grandes ou modestes, qu'il
nous confie. La seule vue claire que nous
ayons, semble-t-il, c'est que nous entrons
dans un grand chaos, et que les plus avisés
avoueraient, s'ils en avaient le courage ou la
franchise, que l'on ne peut prévoir comme
on en sortira. *Deus providebit!* Ah ! c'est
bien le mot de la situation. — Pour vous
aussi, sans doute, cher Monseigneur,
comme pour nous. Seulement, le bon Dieu

en **nous** laissant où nous sommes, frères et sœur, en nous réduisant à des santés chétives, en ne nous permettant qu'un peu d'action individuelle, par le cœur, probablement, plus que par l'esprit, le bon Dieu semble nous interdire les grands desseins et les grands rôles. Pour vous, il n'en est pas de même. Et, très sincèrement, il nous arrive de prier pour que les événements se chargent de dessiner les lignes du plan où le bon Dieu veut que vous entriez, pour l'honneur de son Église. C'est, autour de nous, le désarroi qui commence : autour de vous aussi, sans doute ! Mais si c'est le chaos aujourd'hui, il faut faire attention à l'esprit de Dieu qui en agite les éléments. C'est de cette confusion que va sortir la lumière pour chacun de nous. »

Cette page révèle quel regard Claude portait sur la situation en France, à l'heure où la Séparation devenait le nouveau régime, et sa disposition à n'avoir d'autre mot d'ordre que celui de Pie X, *Deus providebit*, inspiré de la foi d'Abraham.

Cependant, les ruines se multipliaient.

Claude continuait dans cette même lettre : « Merci de vos journaux et brochure. Ce sont les mêmes tristesses chez nous ! Notre évêque a été chassé (de son évêché), au milieu d'une belle manifestation, que les journaux ont un peu exagérée. Le séminaire du Rondeau, qui a abrité au lendemain du Concordat les premières générations de prêtres, est vide maintenant. Vide aussi le petit séminaire de La Côte à peine achevé naguère, il a coûté 1.200.000 francs, dont un million déjà payé; cela passe en des mains ennemies, et avec cela toute la fortune du supérieur actuel qui y était employée, toutes les économies, souscriptions des prêtres du diocèse, avec l'argent desquels on avait bâti ce palais ! Peut-être pourra-t-on reconstituer un seul séminaire, dans l'admirable site de Coublevie, dans un ancien couvent désaffecté de Dominicains du tiers ordre. C'est dans un couvent désaffecté de Capucins, à Meylan, qu'on espère installer le grand séminaire. » L'histoire de la débâcle dauphinoise était l'histoire de tous les diocèses.

Claude était aux écoutes : « Saviez-vous,
m'écrivait-il le 2 décembre 1909, que Briand
avait essayé, à un moment donné, une négociation secrète avec Rome? Il aurait accepté
une sorte d'intermédiaire officieux désigné
par l'assemblée des évêques. » A Rome on ne
s'y était pas prêté, du moins Claude croyait-il
le savoir. En réalité, en décembre 1905, on
avait essayé de parer à la rupture par une
tentative de négociation secrète, que conduisaient l'évêque de Séez et l'évêque de
Nice, et Rome s'y était charitablement prê-
tée : on aurait procédé de concert à une
liquidation du régime concordataire. Mais
c'est M. Briand qui n'en avait pas voulu.
La condamnation de la loi de Séparation
n'était venue qu'ensuite. Je croyais le savoir
moi aussi. Nous mettions ainsi en commun
nos informations.

Les événements de la politique religieuse
n'étaient pas les seuls qui intéressaient
Claude Bouvier. Il nous donnait à tous des
nouvelles des uns et des autres, car il était
un centre où les nouvelles convergeaient
aimablement. Il m'écrivait (9 septembre

1907) : « Carte de Klein : il passe les Rocheuses, à 4.000 mètres de hauteur, et attend, recueilli, d'apercevoir le Pacifique. Ce qu'il va s'ennuyer dans notre planète, quand il l'aura toute parcourue! » Claude s'était vivement intéressé à la candidature de Mgr Duchesne à l'Académie française, et je lui télégraphiai le résultat de l'élection, sitôt qu'il fut connu. « Merci de la dépêche, me répondit-il le lendemain (27 mai 1910). Elle m'a causé une grande joie, car je votais pour Duchesne dès l'année dernière : on est toujours heureux du triomphe de son avis. Puis, cette élection est très honorable pour l'Église de France. Reste à savoir si notre élu se comportera avec sagesse et tiendra suffisamment sa langue et sa plume. Ceci est plus douteux. » Et dans une malicieuse fantaisie Claude esquissait l'interview que Mgr Duchesne aurait utilement donnée, au lendemain de cette élection, qui devait lui valoir tant d'ennemis. Je doute que l'interview imaginée par Claude les eut désarmés.

L'abbé Vignot était entré en relations avec

Claude, à la suite de la publication de la conférence de Claude sur l'abbé de Tourville. L'abbé Vignot était sensiblement plus ancien que Claude, il traversait des crises aiguës de neurasthénie, où l'orateur brillant qu'il était et d'une pensée si intense était réduit au silence. Le 22 mai 1911, Claude m'écrit : « M. Vignot est venu me voir. Je l'ai plus écouté que consolé. Près de trois heures durant, il m'a décrit avec une verve, c'est le mot, extraordinaire, ses angoisses et ses tristesses. Il a cru m'avoir demandé conseil. Je ne lui aurais donné que celui de s'occuper sans fièvre, mais de toujours s'occuper. A un moment, j'ai fait comme le vieux médecin de ma famille, quand il venait jadis pour quelque grippe. A peine lui avait-on conté ses propres maux, qu'il s'exclamait sur l'état maladif où il végétait. On finissait par le prendre en pitié, le remonter, le consoler; et, quand il s'en allait, on n'osait plus se plaindre de rien, le médecin étant plus malade que le malade. J'ai dit à Vignot mes vertiges, mes appréhensions d'autrefois et d'un peu toujours. Et il m'a donné de l'espoir, beaucoup d'espoir. Cela a fini par lui en donner à lui-même. Nous sommes sortis de cet entretien à peu près rassurés l'un par l'autre. Nous avons beaucoup parlé de vous. Il vous aime bien. »

L'élévation au siège de Dijon de Mgr Dadolle, en 1906, dans la fameuse promotion des quatorze évêques choisis par l'épiscopat de France et sacrés par Pie X, avait été une joie pour Claude et pour nous tous, qui aimions Mgr Dadolle et savions quel homme supérieur il était. Je fus témoin du succès de ses débuts, à la Semaine sociale de Dijon en 1906. Il ne fallut pas longtemps cependant pour que son étoile pâlit, comme me l'écrivait Claude inquiet (17 mai 1909). L'évêque eut de gros ennuis, cette année-là, au sujet du *Catéchisme* qu'il voulait donner à son diocèse. Deux ans plus tard, les soucis et le surmenage aidant, notre ami était au bout de sa course, et Claude m'écrivait (22 mai 1911) : « Le pauvre Dadolle, rentré à Dijon, ne peut plus se tenir debout, ne voit plus : on fait revenir ses frères en toute hâte. » C'était la fin.

Au cours des *fata aspera* que je connus moi-même, quel ami Claude fut pour moi! Il me prêchait persévéramment l'abandon. « Rien n'use, je le sais trop par ma vie passée, comme le retour perpétuel aux mêmes sujets d'ennuis. Et on y revient, comme malgré soi, croyant trouver sans cesse à l'insoluble de meilleures solutions. Le mieux serait un peu de fatalisme. Nous qui croyons à la Providence, au succès final de ce qui est juste, vrai, conforme à l'honneur de l'Église, nous avons encore mieux que le fatalisme, n'est-ce pas? » (9 septembre 1907.) Trois mois plus tard : « Quels souhaits vous faire? Mais celui, tout d'abord, d'avoir une grande patience, grande force de silence, grande générosité, et puis celui d'aimer l'Église comme avant » (27 décembre 1907). Quand un ami était dans la peine, les lettres de Claude se faisaient plus fréquentes, plus affectueuses, plus dévouées, quelle vertu apaisante et consolatrice était en elles, quelle clairvoyance, quel esprit de foi!

Il m'écrivait encore (3 novembre 1909) :

« Le temps viendra d'écrire pour vous défendre, il vient, il n'est pas venu. Laissez les événements, plus puissants que les hommes, dérouler leurs suites et arranger les choses. Personne ne songe plus à vous reprocher vos dures mais franches prophéties sur Loisy, depuis que vous avez été si tristement et si complètement prophète. Non, ne perdez pas le bénéfice de votre attitude silencieuse. » Et il revenait à son thème de prédilection, qui était de se confier à la Providence, sans s'irriter contre les difficultés de l'heure.

« Hélas! m'écrivait-il le 29 septembre 1913, nous travaillons tous, malgré la diversité de nos tâches, dans des conditions de plus en plus difficiles. Je le vois bien ici pour nous. Pour garder un peu de joie et de confiance, il faut avoir le regard tourné continuellement vers le grand mystère bienfaisant de la Providence. »

Cependant, on se tromperait à ne prendre garde qu'aux tristesses que Claude partageait avec nous, et la mélancolie, si émouvante soit-elle, de son admirable *Novembre sulpicien*, n'était pas le dernier mot de sa vie profonde. Il était attentif aux signes des temps, il guettait les éclaircies : « Il importe de s'en réjouir au passage », disait-il. Son extrême et délicate sensibilité ne faisait pas de lui une âme dolente. La joie, cette joie que la gravité sulpicienne semble bouder un peu, cette joie que saint Paul aimait et voulait voir déborder toutes les tribulations, cette joie qui est un don de l'Esprit, était l'âme de la confiance de Claude et le sourire de sa sagesse.

Tel je retrouve dans mes souvenirs et dans ses lettres l'ami que nous avons perdu. Le matin où je reçus le télégramme de son frère Henri m'annonçant la mort subite de Claude, je sentis que nous faisions une perte irréparable, et à mon tour je relus avec une émotion que je ne me connaissais pas la page d'adieu à Mme Swetchine que Claude avait copiée et qu'il aimait : « Toute une source de sentiments et d'idées semble tarie! Que d'entretiens brisés qu'on ne reprendra plus! Restez ensevelies, o mes chères pensées, dans cette tombe, dont la

nuit n'est pas sans lumière : dormez-y du
sommeil qui attend l'aurore! »

Pierre BATIFFOL.

L'ABBÉ CLAUDE BOUVIER

CHAPITRE PREMIER

L'ENFANCE

Sommaire : I. Première enfance. — II. Entrée au Collège de Saint-Maurice. Première communion (1878). Mort de Mme Bouvier (1879).

« Une date prochaine me fait penser à toi, mon bien cher enfant, c'est l'anniversaire de ce jour où tu vins au monde, si petit, si faible que tu excitais la pitié et que tu semblais destiné à accroître le nombre des anges dans le ciel... » C'est en ces termes que Mme Bouvier rappelait à son fils Claude, en l'année de sa première communion, les appréhensions qui avaient accompagné sa naissance, le 24 février 1866. « Dieu t'a conservé, t'a fait grandir, et ce 24 février doit, cette année surtout, éveiller dans ton cœur un vif sentiment d'amour et de reconnaissance pour Celui qui t'a créé et à qui, dans quelques mois, tu vas renouveler les serments que ton parrain et ta marraine ont prononcés pour toi... » De telles paroles font connaître le caractère particulièrement chrétien du foyer où Dieu avait fait naître son futur prêtre. De précieuses conditions de bonheur terrestre s'y rencontraient aussi, mais avec de graves menaces pour l'avenir.

M. Benoît Bouvier appartenait à une ancienne famille du Dauphiné très considérée à Vienne, au XIXᵉ siècle, parmi les grands industriels, fabricants de drap. Il avait fondé avec ses quatre frères une usine qui fut renommée sous le second Empire pour la perfection de son outillage, l'heureuse disposition de l'aménagement matériel, et surtout pour la cordialité et la bienveillance témoignées à l'ouvrier. Parmi les patrons, M. Benoît Bouvier tenait une place à part : il se signalait dans le monde industriel par ses ingénieuses créations, celle des draps perlés, par exemple, et celle du drap à plumes d'oiseau. Le monde politique français avait les yeux ouverts sur la forte concurrence qu'il faisait aux maisons anglaises sur les marchés de l'Europe. Le cercle plus restreint de la société viennoise s'égayait des saillies heureuses de sa conversation pleine d'agréments, et en redisait les traits empreints de malice et surtout de bonne humeur. D'une foi solide et décidée, M. Bouvier pratiquait sa religion sans forfanterie ni respect humain. A une époque où la haute bourgeoisie était encore imprégnée d'esprit voltairien, il savait, au cercle des fabricants de la ville, répliquer aux sarcasmes et mettre les rieurs de son côté.

Un heureux mariage l'avait fait entrer dans une vieille famille du Beaujolais, dont plusieurs fils et filles vinrent, comme leur sœur Nathalie Jacquet, faire souche à Vienne. Le bonheur du foyer eût été absolu sans les inquiétudes qu'inspira dès 1870 la santé de Mme Bouvier, et sans les séparations cruelles imposées par des hivernages répétés dans le midi.

La physionomie morale de Mme Bouvier s'accuse avec toute son élévation et sa délicatesse durant la petite enfance de son fils Claude dont la première éducation lui est exclusivement réservée. Il restera fortement marqué de son empreinte. Comme lui plus tard, elle a l'habitude de consigner par écrit ses sentiments les plus vifs, ses émotions les plus profondes. Un journal intime nous permet de saisir dans son cœur maternel les événements petits et grands dont se compose l'éducation de l'enfant et l'histoire de ses progrès[1].

C'est le 26 novembre 1870 que commence le journal. Claude a quatre ans. Une petite robe noire et certaines habitudes enfantines le font appeler familièrement le « Curé ». Ses cheveux noirs frisent naturellement. L'enfant n'est pas remuant; jamais il n'a aimé le mouvement; mais il est avide d'entendre et impatient de raconter lui-même de petites histoires. De complexion délicate, il est remarqué et attirant, ouvert, mais facilement songeur, souvent distrait. Il a des caprices : c'est que des troubles visuels, qui ont persisté longtemps, l'empêchent souvent de jouer ou de lire; il passe des journées entières près de la chaise longue maternelle, ne trouvant de distractions que dans les causeries de sa maman. Elle est prompte à s'alarmer à son sujet :

Mon petit Claude m'a effrayée. Il a pris tout à coup une fièvre avec délire, j'ai cru que j'allais le perdre... Quelle triste nuit j'ai passée! Il me semblait que l'épreuve me trouverait plus forte, et comme je me suis trompée!

C'est qu'elle a déjà perdu un fils et une fille, celle-ci enlevée par le plus inattendu des

1. On lira en appendice, à la fin du volume, de larges extraits de ce journal intime très émouvant.

accidents. Aussi n'a-t-elle voulu laisser à personne le soin de nourrir le petit Claude aux premiers jours de son existence... Son âme demeurée impressionnable se communique en quelque sorte à son fils qui vibre à son contact. En lui se développe une sensibilité qui sera une source de vives souffrances, mais qui, noblement cultivée, rendra sa nature singulièrement sympathique.

La guerre franco-allemande vient à éclater. Claude a cinq ans. Les désastres s'accumulent. M. Bouvier a revêtu l'uniforme de garde national. Il l'a fait avec son entrain habituel. Le petit garçon regarde, émerveillé, l'immense fusil dont il se souviendra toujours.

En pleine guerre, Mme Bouvier commence à exercer ses deux aînés à la pratique de la charité : elle conduit Antoine et Claude visiter une famille pauvre :

Oh! que ne puis-je, s'écrie-t-elle, supprimer le superflu dans ma maison et secourir plus de malheureux. Ces tableaux de misère me navrent le cœur et me rendent triste lorsque je suis obligée de recevoir ou de faire des dépenses qui ne sont pas indispensables (24 janvier 1871).

La naissance de deux autres enfants, Valérie et Henri, n'avait pas causé d'appréhensions bien graves; mais celle de son dernier fils, Frédéric, en décembre 1871, est précédée de vives alarmes L'avant-veille de la naissance, après une interruption de cinq mois, le journal contient ces deux lignes : « Que de jours écoulés sans écrire! Mon Dieu! que de souffrances endurées » (3 décembre 1871). C'est sur cet écho de bien des douleurs que s'arrête le premier fragment du journal.

II

Toute la jeunesse de Claude se passa sous l'impression des souffrances endurées par sa mère et avec la perspective du deuil qui le rendrait orphelin. Quand, après cinq ans de silence, le journal de sa mère reprend, le 1ᵉʳ janvier 1876, la pauvre femme n'a plus d'illusions sur l'avenir qui l'attend. Une pleurésie à la suite de la naissance de son fils Frédéric, une glace de portière ouverte la nuit dans un compartiment, et qu'elle n'a pas osé demander de fermer... et la voilà engagée dans la voie royale de la croix, avec la vision torturante de l'abandon prochain de ses enfants.

Claude a grandi; il a dix ans, et vient de commencer ses études à l'école secondaire que l'archiprêtre de Saint-Maurice de Vienne, M. Robin, a fondée, d'abord dans sa propre cure, et qu'il anime de son haut esprit et de son grand cœur. Tous les catholiques de

Vienne se sont réjouis d'avoir enfin à leur portée un instrument d'éducation solide et chrétienne. Quel bienfait pour un enfant de la trempe de Claude de poursuivre son éducation en se retrouvant tous les jours près de la chaise longue ou du lit de sa mère, et d'y recevoir la leçon, un peu précoce, de la bonne souffrance.

Voici une nouvelle année, note le journal (1er janvier 1876), ce matin le sourire est sur mes lèvres pour accueillir mes enfants, mais dans mon cœur que d'angoisse pour eux ! Verrai-je encore naître une nouvelle année ? Serons-nous tous réunis ? Mon Dieu ! sortez de mon cœur ces noirs présages ; l'avenir est à vous.

La plainte essaye de se contenir, mais elle éclate plus déchirante, chaque fois que la pensée se reporte sur les enfants.

Claude est malade... Pauvre enfant ! J'ai bien peur qu'avec le lait de sa mère il n'ait acquis son mauvais état de santé... Je le soigne de mon mieux et je l'aime sans faiblesse, comme je les aime tous ; mais je suis attristée de le voir arrêté dans ses études, attristée de le voir parfois fantasque et capricieux (29 janvier 1876).

L'enfant n'était pas fantasque ; mais sa santé demeurée frêle lui interdisait l'application soutenue ; ses yeux donnaient parfois des inquiétudes. Sa vivacité d'esprit rappelait l'exubérante activité intellectuelle de son père; sa finesse d'observation s'épanchait facilement en remarques malicieuses; la fantaisie l'entraînait fréquemment en des rêves et le rendait distrait à l'étude ou même parmi les siens. Tout le monde était frappé de ce que ces dons produiraient un jour de bien ou de mal suivant l'usage qui en serait fait dans l'avenir : « Claude, disait plaisamment un de ses oncles, finira curé ou rédacteur de feuilleton du *Petit Lyonnais!* »

La véritable éducation de l'enfant se poursuivait au chevet de sa mère. La souffrance partagée avec elle affinait son âme. Le spectacle de douleurs purement physiques même courageusement supportées n'eût fait qu'assombrir la jeunesse du fils sans profit; mais la physionomie morale de la malade prenait une telle beauté par les sentiments qui animaient sa grande âme et qui la transfiguraient, que l'enfant, à son insu, se transformait et gagnait en noblesse et en générosité.

Elle prie Dieu de la laisser à ses chers petits :

Ils sont si bons, ils me donnent tant de satisfaction. Valérie, Henri, Frédéric, charmant petit trio, où je trouve toutes les qualités du cœur. Laissez-moi quelques années, mon Dieu, jouir, et aider, si j'en suis digne, au développement de ces intelligences. Laissez-moi le temps de bien graver dans leur cœur votre amour et l'amour du devoir (29 août 1876).

Mais visiblement, c'est Claude qui la préoc-
cupe davantage; elle s'effraye de le trouver,
à son image, facilement distrait, impressionnable, prompt à s'alarmer, d'une sensibilité
frémissante et d'une santé incertaine. Ici elle
note : « La santé de Claude s'améliore, son
caractère aussi » (août et septembre 1876) —
et ailleurs : « Claude est toujours malade, il
ne peut aller à l'école; ses études s'en ressen-
tent; il est indolent et sans courage. » (20 décembre 1876.)

Bientôt la première communion vint fournir
à la mère attentive l'occasion d'agir profondément sur le moral de l'enfant. Elle avait le
pressentiment de sa vocation future. On voit
dans ses notes intimes qu'elle s'adressait à la
Sainte Vierge : « Marie! il faut que vous me
le guérissiez, que par son intelligence et son
travail il puisse chanter vos louanges et
ramener à votre divin Fils tant d'âmes égarées. » Comment n'eût-elle pas mis à profit les
deux années de préparation à la première
communion pour mûrir chez son fils la vocation qui était l'objet de tant de désirs? Il nous
reste une trace de cette action de la mère
dans une lettre qu'elle écrit en 1876 à son
enfant tandis qu'il prenait ses vacances à la
campagne, près de Vienne, avec son frère
Antoine, chez un prêtre ami de la famille :

Mon petit Claude, je voudrais bien que tu tâches d'imiter les saints dont tu aimes tant la vie, saint Louis de Gonzague, et bien d'autres, qui étaient de bons écoliers, point distraits. Quand le maître parlait, ils laissaient toute autre pensée... Si je trouvais mon petit Claude ainsi changé, serais-je heureuse?... Priez aussi afin que Dieu me laisse près de vous!

Claude, plus tard, a recopié soigneusement cette lettre détériorée, par crainte de la perdre. Il ajoute : « Ma bonne mère m'écrivait cela en 1876, trois ans avant sa mort, deux ans avant ma première communion. Qu'elle me connaissait bien! »

Durant l'hiver de 1877-1878, qu'elle passa à Cannes, loin de ses enfants, la pauvre mère continue à veiller de loin sur eux. Claude lui écrit chaque jour pendant les vacances du jour de l'an... Il reçoit le billet suivant :

Voilà Claude qui a laissé ses jolies étrennes. Je suis bien sûre qu'il pense à sa petite mère et qu'il travaille avec autant d'ardeur qu'il s'est amusé. Courage toujours, cher petit! Tu as un but, et cette année, **il est bien beau!** Tous tes efforts, tout ton travail, tout pour ta première communion, et puis pour la guérison de ta mère! Si tu savais comme j'ai lu avec plaisir le récit de tes vacances tous les jours, et surtout j'ai vu que le souvenir de ta petite mère passait avant toutes les joies.

Au cours de cette action maternelle, qui élève Claude et le met sur la voie de la vie chrétienne, aucune pesée indiscrète n'est exercée pour le pousser vers le sacerdoce; mais la pensée en demeure présente à la mère dans tout ce qu'elle fait :

Jour de l'anniversaire de Claude. J'ai communié et prié avec ferveur pour lui. Je vous l'ai confié, mon Jésus, il est entre vos mains ! Conduisez-le, prenez-le pour votre service, et ce sera mon plus grand bonheur (24 février 1878).

Elle n'eut pas la joie de voir son fils monter à l'autel; mais la persuasion qu'il y monterait un jour ne semble pas l'avoir quittée. Elle ne devait même pas connaître la joie de l'accompagner à l'église le jour de sa première communion. Rentrée dans sa famille au printemps, elle est confinée par la maladie à la campagne de Saint-Romain près de Vienne.

Depuis bien longtemps j'attendais une joie bien pure, l'espoir d'accompagner pour la première fois mon Claude à la Sainte Table; ce bonheur m'est refusé. Désormais, mes enfants iront toujours seuls dans vos sanctuaires. Leur pauvre mère ne peut les accompagner. Son cœur est avec eux; mais ils sont orphelins; nous ne pourrons au pied du même autel faire monter ensemble nos prières et nos vœux.

Et le lendemain de la première communion de son fils, elle écrivait les dernières lignes de son journal : « C'est la volonté de Dieu que j'accomplis, et je ne sais point faire mon sacrifice. »

Une première communion si pieusement préparée par l'action d'une mère chrétienne, et accomplie dans une atmosphère de sacrifice et de résignation, devait laisser dans l'âme de l'enfant des traces ineffaçables. Dix ans plus tard Claude en retraçait le souvenir dans une lettre qui en fait revivre la scène :

Je vous remercie de ce que vous me rappeliez l'autre jour. Le souvenir de ma première communion m'est en effet des plus chers. J'y ai pleuré beaucoup, de joie ou de tristesse, je ne m'en souviens plus. Ce que je sais, c'est que ma pauvre mère, retenue malade à Saint-Romain, me suivait par la pensée à ce moment : le matin elle s'était fait transporter au salon pour recevoir la communion... Je me souviens encore des paroles si belles et si simples que lui adressa le curé de Saint-Romain, de la tendresse avec laquelle elle m'a embrassé et m'a béni avant mon départ pour l'église. Je vois encore le lieu, la chambre couverte de fleurs, nous tous agenouillés. Je me rappelle aussi les sentiers que j'ai suivis ce jour-là pour aller à Vienne ; c'était en plein mois de mai et par un beau soleil ; je n'ai jamais été si heureux, jamais je n'ai marché si légèrement...

Si les prières et les souffrances de sa mère lui valurent de vives émotions et des grâces de choix au jour de sa première communion, lui-même les avait méritées par des efforts personnels qui coûtaient beaucoup à sa nature.

De concert avec quelques condisciples, il avait formé une petite association pieuse, dont les membres s'engageaient à prier les uns pour les autres; un président, choisi parmi eux, et renouvelé chaque semaine, devait avertir les camarades du groupe de leurs défauts. De fait, c'est vers le temps de sa première communion que Claude commence à montrer une véritable énergie pour surmonter les tendances maladives de son tempérament, et que ses études prennent enfin la tournure qu'avait si longtemps souhaitée sa mère. Quoi d'étonnant qu'il ait entendu ce jour-là plus distinctement l'appel au sacerdoce et que, s'approchant pour la première fois de la Sainte Table, il ait fait aussi son premier pas vers l'autel !

Quelques jours plus tard, lisant à l'école Saint-Maurice, au concours traditionnel du mois de mai, une composition littéraire sur le brassard de sa première communion, il se rappelait, avec des joies sans nombre, les larmes tombées sur ce pauvre brassard, et qui l'avaient terni. Et il terminait ainsi : « Puisse-t-il n'avoir jamais d'autres taches! »

Mme Bouvier ne survécut pas une année entière à la première communion de son fils. Elle passa son dernier hiver à Cuers près de Toulon et rentra à Vienne au printemps de 1879. En proie à d'atroces souffrances, amaigrie, couverte de plaies, elle est littéralement clouée sur une croix, et le 26 avril, les lèvres brûlées par suite d'une confusion de remèdes, le fiel et le vinaigre du calvaire, elle rend son âme à Dieu. Elle avait quarante-trois ans.

Avant de mourir, elle avait tracé pour ses enfants ses dernières recommandations. Claude les conservait comme une relique, et pour être admis à en prendre connaissance, il fallait avoir pénétré très avant dans son intimité. Il y pouvait lire les lignes suivantes :

Claude tâchera d'être moins distrait. Je connais son cœur. Je lui confie aussi son père, sa sœur, ses frères. Il redoublera ses soins, son affection pour eux. Il pensera que sa mère le voit, racontant des histoires morales, faisant le catéchisme, les soignant, et qu'elle le bénit de son amour.

La physionomie de cette mère si aimée conservera toujours un puissant relief dans sa mémoire et un rôle actif dans sa vie intérieure. Le souvenir qu'il en garde est l'un de ceux qui reviennent le plus souvent dans ses conversations intimes, et dans les circonstances importantes de sa vie. A la veille de recevoir la tonsure, par exemple, il se rappelle toutes les larmes versées pour lui, et il écrit :

Des souvenirs, en ce moment, me reviennent :
Quelle belle mort que celle de ma mère ! Que de larmes j'ai versées depuis, et pourtant que de puis-

sants enseignements elle me léguait du lit de son agonie. Pendant un mois, tous les jours, sa main bénissante s'élevait sur moi. Elle s'était résignée à tout quitter pour vous rejoindre et vous posséder, ô mon Dieu. Dans ses paroles, dans ses actions, dans les prières de ses dernières heures, ai-je recueilli autre chose que cette solennelle leçon d'abandon parfait et complet à la volonté de Dieu?

Et ailleurs, dans son journal de séminaire :

Je me rappelle combien dans mon enfance j'aimais le mois de mai, le mois de la Sainte Vierge... Cela date de 1879 et de la mort de ma mère : le soir, je fuyais la maison, un peu triste, je me réfugiais dans un coin bien sombre de notre grande cathédrale. De loin, je voyais les lumières, j'entendais les chants : *Monstra te esse matrem... Vitam praesta puram... iter para tutum, ut videntes Jesum, semper collaete-mur!* Cette joie commune — *collaetemur* — à laquelle nous sommes conviés un jour, cette fête éternelle qui réunira la famille de la terre et les amis dispersés, je la pressentais dans ces réunions calmes du mois de Marie, parmi toutes ces prières qui s'échappaient de mon âme pour obtenir une voie sûre et tranquille.

Désormais, Claude a deux mères qui s'entendent là-haut pour protéger leur enfant et façonner en lui un prêtre selon leur cœur.

CHAPITRE II

AU COLLÈGE

Sommaire : I. La nature morale du collégien vers l'âge de treize ans. Difficultés du travail scolaire et promesses de talent. Les *Mémoires de vacances* (1879). Goût des voyages et amour de sa ville natale. — II. Influences heureuses : amour de la lecture, formation précoce du goût artistique. — Les succès scolaires dans les hautes classes : les concours de mai, l'Académie; la piété et la vocation sacerdotale.

A la mort de sa mère, Claude a treize ans. Il entre dans l'adolescence mûri par l'épreuve, et il en restera marqué pour la vie. Cependant sa nature ne le portait pas à la tristesse : d'esprit très primesautier, d'imagination très fertile, il avait la répartie prompte, l'enjouement aisé, agrémenté de malice; mais, sous l'étreinte de la souffrance, d'autres qualités s'étaient ajoutées à celles-là, et formaient avec elles un mélange unique de gravité et de gaîté, de jeunesse et de sérieux, de raison et de sensibilité, avec une tendance marquée vers la réflexion intérieure. Ses dons naturels

l'avaient mis à même de ressentir très profondément les fluctuations incessantes de la
maladie de sa mère, les hauts et les bas,
les alternatives de crainte et d'espoir. Dans
les prières toujours en instance de miracle
auprès de Dieu pour celle qui était le tout de
sa vie, l'âme avait pris l'habitude du recueillement, et le goût des émotions sacrées. Parmi les propos échangés entre la pauvre recluse
et le jeune écolier, souffrant des yeux et privé
des jouissances de la lecture, que de paroles
indifférentes en apparence, où la malade s'était
efforcée de cacher le message de mort qu'elle
avait si bien entendu, mais qui avaient pris un
sens grave dans l'esprit éveillé du petit garçon!
Que de silences aussi où s'étaient dévoilées les
communes appréhensions! Ainsi prirent naissance, au plus profond de l'âme enfantine, un
don de comprendre et de sentir, une puissance
de sympathie, qui se révèleront dans l'avenir,
chez le jeune homme par le nombre et la valeur
des amitiés qu'il saura inspirer, et chez le
prêtre par l'aptitude à lire dans les âmes et à
consoler les douleurs les plus cachées.

Dès cette époque, l'enfant était par tempérament ce qu'il restera toute sa vie, un
délicat, un timide et un réservé. Même avant
la mort de sa mère, se sentant observé avec
sympathie comme l'enfant sur qui plane un

malheur, il s'était habitué à attendre l'affection plus qu'à la rechercher. Privé des épanchements maternels, il se renferma davantage en lui-même, et son caractère offrait un contraste plein d'intérêt dans la difficulté qu'il éprouvait à se confier et dans l'abandon plein de charme avec lequel il se communiquait quand un contact d'âme, offert ou recherché, lui en procurait l'occasion.

L'enfant qui avait grandi au sein d'une atmosphère imprégnée de douleurs et d'émotions, courait plus qu'un autre, dans ses années de jeunesse, le danger de s'analyser à l'excès et de prendre un goût maladif à se sentir souffrir.

Autrefois, dira-t-il dans son journal intime de séminaire, je raisonnais sur la douleur comme un enfant; toutes mes tristesses, je les savourais; je disais que j'avais souffert, pour un peu de mélancolie, pour quelques petits mécomptes de l'esprit et du cœur. Volontiers j'aurais dit aussi (je l'ai même écrit alors à mes amis) que je n'aimais rien tant que de souffrir... Il y avait quelque chose de vrai dans tout cela. Les demipeines, les demi-souffrances ont leur volupté que je recherchais et que je trouvais douces..

Mais il fut sauvé du péril par plusieurs influences qui jouèrent ensemble pour empêcher le sentiment de sa vie intérieure de

dégénérer en jouissance maladive et en observation dissolvante.

La plus importante de ces influences fut
sans doute le travail qui occupa, remplit et
absorba ses plus belles années de jeunesse;
mais ce ne fut pas tout de suite, ni sans efforts
que Claude fut saisi et comme entraîné par
la passion du travail. Les exercices d'école
rebutaient particulièrement le pauvre enfant
et mettaient à dure épreuve, par des répétitions fastidieuses, son esprit et son imagination moins portés vers l'abstraction de la
logique grammaticale et de la syntaxe que
vers les belles histoires. Le thème latin était
l'objet d'une aversion déterminée. Plus tard,
il contait plaisamment à un étudiant ses aventures scolaires :

Écoute une histoire. Il y a eu un temps (sur la fin
de ma cinquième) où lorsqu'on me donnait en thème
la phrase suivante : « Pierre m'a donné des roses », je
livrais une copie où le professeur lisait avec effroi ces
mots : *Petrus me dedit rosarum.* Sur ces entrefaites,
je tombai entre les mains de M. Truchet que tu connais.
Ah! ça fit joli! je te promets... Au bout de deux mois
de vacances, j'avais pris des répétitions tous les jours,
je travaillais des matinées entières; au bout de deux
mois de vacances, je savais à fond la règle *Amo
Deum* et même j'abordais sans trop d'insuccès le « que
retranché ». Aussi étais-je fier!... Là-dessus je com-
mençai ma quatrième, et j'obtins des succès inouïs sur
mes condisciples moins ferrés sur le « que retranché ».

Il se moque agréablement, mais en se moquant il laisse entrevoir le rôle et l'heureuse intervention dans sa vie de professeurs ayant avec le goût de l'enseignement le doigté et le dévouement nécessaires pour plier à l'effort du début une nature imaginative.

De ce même ton plaisant, il constate qu'en troisième, un professeur spécialement zélé obtenait de ses élèves des thèmes excellents quoiqu'il leur donnât à traduire de longs textes de Fénelon, de Voltaire, plus souvent de **La Fontaine** : « De temps en temps on voyait même des traces d'élégance. Je maniais avec adresse le *quippe qui*, l'infinitif de narration, etc... » Il venait d'aborder avec succès la dissertation latine, lorsqu'elle fut supprimée dans l'enseignement secondaire.

En attendant que fut disciplinée par le travail sa nature fantaisiste, ce n'était ni dans les thèmes ni dans les versions, qu'il fallait chercher des promesses de talent et d'avenir, mais plutôt dans les joyeusetés scolaires point méchantes, mais fort récréatives, que Claude inventait ou inspirait plutôt qu'il ne les exécutait, ou encore dans le journal hebdomadaire qu'il publiait alors sous le titre ambitieux : « L'Originalité ». Le journal juvénile se « piquait de piquer »; mais les souvenirs qu'en ont gardé ses lecteurs, et même ses victimes,

témoignent que les blessures faites par le
rédacteur en chef n'étaient pas bien cuisantes
et que ses critiques étaient plus enjouées
qu'acerbes.

L'école Saint-Maurice, à ses débuts, formait une véritable famille. Le petit nombre
des élèves permettait sans trop d'inconvénients certaines infractions au règlement, et
la nature de Claude y trouvait un milieu plus
favorable à son développement que dans des
maisons plus nombreuses où une discipline
pleine de rigueur eût ajouté son poids à
l'ennui des exercices de classe.

De la malice enjouée que Claude tenait de
son père, il subsiste un témoignage fort intéressant. Ce sont des *Mémoires de vacances* de
l'année 1879, de vrais mémoires, illustrés avec
esprit par un condisciple et remplissant un
cahier de 150 pages. Le jeune auteur de
treize ans y déploie un entrain, une verve
sans cesse renouvelée, autour des plus minimes
incidents. A le lire, on apprend comment la
jeunesse intelligente passait ses vacances à
cette époque déjà reculée où l'on n'avait à sa
disposition ni bicyclette ni automobile. En
revanche, on se livrait à de bonnes promenades à pied, agrémentées de recherches bota-
niques, même de conversations avec les ber-

gers. On leur parlait, surtout on les faisait parler. Quelle joie et quels éclats de rire lorsqu'on obtenait d'eux quelque aperçu pittoresque : « Enfin, Monsieur, conclura l'un d'eux, puisqu'il faut vous le dire, si l'on m'offrait de devenir mouton, j'accepterais peut-être. »

La famille Bouvier appartenait à la bourgeoisie de Vienne, très fière de sa ville, de son passé, de son histoire. L'enfant avait naturellement puisé dans les conversations du foyer le goût de l'histoire locale et de ses anciens vestiges. Un de ses cousins germains, Jules Bouvier[1], ami très intime et chéri comme un frère, avait aussi le goût de l'archéologie, l'amour de la ville de Vienne et de la vallée. Dans les Mémoires de vacances, l'archéologie tient une grande place. Les deux inséparables s'appellent pour la circonstance Nisus et Euryale; autour d'eux gravite toute une bande joyeuse de frères, de cousins, de cousines, ceux qu'on appelait « les petits » et avec lesquels on furetait dans les terrains de Saint-Romain, village situé en face de Vienne, sur la rive droite du Rhône, non loin de la

---

1. Il devint dans la suite président de la Société des Amis de Vienne et publia dans le Bulletin de cette Société deux conférences très appréciées sur « Vienne gallo-romaine », et sur la « Cathédrale Saint-Maurice ».

maison de campagne des parents. Les jeunes explorateurs font des fouilles dans les déblais de pierres sur les bords du Rhône, et recueillent des fragments de marbres antiques, pauvres débris de la splendeur évanouie de Vienne la Belle. Le journal relate la découverte très authentique d'ailleurs de quelques tombeaux anciens et de monnaies romaines. Un « concours marmoréen » est ensuite institué pour récompenser les meilleures trouvailles. Claude-Euryale, qui préside, prononce devant son petit monde une allocution grandiloquente d'un burlesque achevé ; après quoi Jules-Nisus débite un discours latin du plus haut comique. En vérité, la jeunesse de 1879 ne s'ennuyait pas, même sans distractions sportives !

Est-ce peut-être le souvenir de ses vacances de jeunesse qui fit naître chez Claude une antipathie prononcée contre la bicyclette et qui explique la virulente invective que l'ancien auteur des Mémoires, devenu professeur, lancera un jour contre elle :

Oh ! j'ai tort de dire cela devant vos familles ; pourtant je ne puis me taire ; c'est probablement un paradoxe, mais la bicyclette est pour moi le symbole de l'ennemi. Elle a tué tant de choses que j'aimais pour vous : les lentes promenades, les premières lectures l'été au bord de l'eau ou sous les grands arbres, les réflexions fécondes et nécessaires de l'adolescence, les amitiés sérieuses et graves et jusqu'à cet esprit de conversation si aisé, si français, si plein de charme, qui retenait autrefois les enfants auprès de leurs maîtres naturels, le père et la mère... Oui, toutes ces choses sont en train de mourir. Par quoi va-t-on les remplacer?

Quoi qu'il en soit de cette aversion pour les exercices physiques, nos écoliers en vacances ont le goût des voyages et, chose plus surprenante, ils savent voyager en observant. S'ils vont à Mâcon, chez une vieille parente dont les jeunes chroniqueurs respectent à peine les mœurs guindées et très « ancien régime », ils n'omettent point de faire une excursion au pays de Lamartine, où Claude a voulu s'entretenir avec le curé de Saint-Point sur le poète et ses habitudes.

Le voyage des écoliers comportait un détour par Paray-le-Monial. A la basilique, ils cherchent la bannière de la ville de Vienne. Après une minutieuse inspection, ils entrent dans :

l'une des chapelles, la plus petite, la plus laide, la moins architecturale de toutes, et ils aperçoivent enfin une bannière qui porte un arbre sur lequel se trouve un calice surmonté d'une hostie... C'est Vienne !

L'indignation les saisit!... Qui aurait pu se douter que la plus belle, la plus grande, la plus ancienne, la plus, etc... ville de France aille cacher dans un tel coin son envoyée! Mais non, Vienne, nous allons réparer cette injure... Si tu veux, lecteur, suis le pieux cortège qui s'avance sous cette nef. Mêle-toi à ces trois personnes, foule immense et émue qui accompagne respectueusement un étendard porté par Nisus, non moins pénétré de l'auguste mission qu'il remplit. En effet, c'est au nom de la cité tout entière de Vienne qu'il attache en ce moment — avec un cordon pieusement volé à une autre oriflamme — la bannière de sa ville dans l'un des endroits les plus en vue de la basilique. Voilà comment les Viennois savent réparer les affronts faits à leur pays.

L'on saisit sur le vif chez les écoliers en vacances et particulièrement chez le jeune auteur des Mémoires un amour déjà raisonné pour sa ville natale, sa Vienne, que des amis lui reprocheront un jour de chérir à l'excès, et dont il aimera tout : « le fleuve qui baigne de calmes collines au profil grec, le sol tout imprégné de poésie et d'histoire », les monuments et les églises « où se coudoient les vestiges de plusieurs civilisations, « la romaine, la burgonde et la chrétienne ».

Pleins de vie et d'entrain, alertes, spirituels, variés, humoristiques, ces Mémoires d'un enfant nous révèlent de la nature de Claude tout un aspect qui est en fort contraste avec la mélancolie de ses premières années, et nous avertissent de ne pas attribuer trop d'importance à la lenteur de la mise en marche de ses études.

II

Dès qu'il eut dépassé les classes de grammaire pour entrer dans celles que l'on a décorées du beau nom d'Humanités, les progrès furent rapides, les succès éclatants ; c'est qu'il abordait les belles-lettres avec une préparation peu ordinaire. Lui-même a toujours attribué une part notable dans la formation de son esprit à l'action exercée dans son jeune âge par sa mère, près de laquelle il apprit à observer et à traduire ses sentiments et ses idées. Il y a une part très marquée d'autobiographie dans ces réflexions qu'il livrait un jour à des mères chrétiennes :

L'enfant a surtout besoin qu'on aide sa mémoire, il a besoin qu'on aide ses yeux à voir, son cœur à sentir et à aimer, son esprit, à juger et à réfléchir. Qui peut mieux cela qu'une mère ? Elle est pour son fils à un moment donné toute la religion, toute la sagesse et aussi toute la littérature, toute la philosophie. Oh ! ma mère, disait Augustin dans une des controverses de Cassisiacum, ô ma mère, il n'y a aucune philosophie qui me plaise autant que la tienne. — Mensonge ! répondait Monique avec une gracieuse humilité. — Il n'en était pas moins vrai qu'Augustin avait raison, et qu'après Dieu c'est à Monique qu'il devait la plus belle part de son génie.

C'est à sa mère que Claude adolescent

devait d'avoir été élevé dans un perpétuel *Sursum Corda*, dans une atmosphère de pensées élevées, dans une constante recherche de beaux et bons sentiments qui passaient du cœur de la mère dans celui du fils, non sans avoir trouvé sur leurs lèvres une forme expressive et nuancée.

Depuis lors, l'enfant avait accru son trésor de réminiscences, d'expressions et d'images en faisant ses délices de la lecture. Dès son plus jeune âge, il avait été un liseur insatiable. Tous les soirs de congé, il explorait, en compagnie de son cousin Jules, la bibliothèque paternelle et en exhumait des histoires savoureuses. Plus tard, il abordera la bibliothèque municipale et se lancera à l'aventure dans toute sorte de lectures, avec une imprudence dont il aura le frisson dans son âge mûr lorsqu'il percevra le danger couru.

Sa passion pour la lecture, il essaye dans les classes de lettres de la communiquer à ses condisciples. Il en réunit quelques-uns chez lui, dans une petite chambre, face à l'usine paternelle, et malgré le bruit des navettes courant dans la laine, tous ensemble s'exercent à la déclamation, s'entraînent dans des joutes oratoires. A ces joyeux écoliers, il donne l'exemple du cahier d'extraits et du cahier d'impressions, destinés à conserver pour l'avenir les trésors découverts en soi-même et dans les livres.

Une influence très puissante contribuait enfin, chez Claude enfant, à orienter vers l'amour du beau et vers la recherche d'une forme idéale de pensée et d'expression, une imagination et une sensibilité en voie d'épanouissement : elle venait de la société des artistes qu'il rencontrait au foyer paternel et des visions d'art sur lesquelles son esprit et son regard se reposaient dans le logis domestique. M. Benoît Bouvier, dans un long séjour de jeunesse à Paris, s'était lié d'amitié avec plusieurs artistes, notamment avec Soumy, graveur remarquable, et peintre plein de promesses. Le malheureux artiste, en proie à une maladie, qui devait le ravir, à l'âge de trente-trois ans, en plein talent, sera recueilli par son ami à Vienne, où il vient séjourner. L'amitié de Soumy en valut d'autres à l'industriel, amateur d'art et fin appréciateur de belles œuvres. Carpeaux, qui l'aimait, lui écrira un jour que tout ce qu'il sait de dessin, c'est à Soumy qu'il le doit. Vollon, le peintre des natures mortes, invité à dîner à l'improviste chez l'industriel, le jour de la fête de Mme Bouvier, jette sur la toile pour elle un délicieux bouquet de fleurs. Ni l'un ni l'autre de ces artistes n'avaient acquis la célébrité, ni franchi le seuil de l'Institut, quand M. Bouvier, avec son grand cœur, les accueillait, les réconfortait, les encourageait. Il obtenait alors de Carpeaux pour sa chère ville de Vienne la promesse de sculpter une statue de Ponsard, projet que les dissensions politiques firent échouer. La dernière fois que M. Bouvier rencontra l'auteur d'Ugolin, ce fut à Paris dans l'église de Saint-Sulpice, un jour de Noël, à minuit. Un peu étonné, l'ami l'interroge du regard : « Vous ici? — Je cherche des émotions », répondit le sculpteur, qui devait bientôt se convertir et mourir peu après. D'autres peintres de talent fréquentaient chez M. Bouvier, tels Bouchard, Bekert, Chatigny, Hippolyte Flandrin. À Paris, des réunions régulières, trois ou quatre fois par an, resserraient les vieilles amitiés. On s'y racontait les déboires et les espérances, les mécomptes et les triomphes. D'autres fois, c'étaient des peintres de Vienne qui étaient les hôtes du foyer, notamment M. Pilliard dont Claude et son cousin Jules écriront un jour la biographie. Il les charmait alors par le récit fort spirituel des années passées à Rome, à l'ombre du Vatican, dans le voisinage de Pie IX.

Au milieu de ces artistes, le petit Claude écoutait, regardait, questionnait. Sur les murs de la maison, il contemplait les œuvres mille fois commentées que les auteurs avaient dédiées à « l'ami Bouvier » et il prenait ce goût des choses de l'art qui fut toujours pour lui une source de grandes joies et de distractions très élevées. Il s'indignera plus tard d'entendre présenter « comme un luxe distingué, un objet d'agrément », ce qu'il considère pour quiconque veut « vivre de la vie de l'esprit comme un superflu indispensable, un plaisir qui crée un beau déploiement d'activité et d'énergie, une étude glorieuse qui nous arrache à nous-mêmes et, par d'âpres sentiers, nous conduit en somme très agréablement à Dieu ».

Les vacances qui lui laissèrent le souvenir le plus durable furent celles qui le conduisirent avec son cousin Jules aux Pinacothèques, de Munich. Ils en revinrent enthousiasmés, n'ayant plus que quelques sous en poche, et ravis des prodiges d'économie qui leur avaient permis de transformer une visite à une vulgaire exposition de Zurich en un pèlerinage artistique à travers l'Allemagne.

Ainsi préparé de loin à la culture des lettres, stimulé par l'amour du beau et l'admiration des chefs-d'œuvre de la peinture et de la sculpture, le jeune homme prit tout son essor dans les classes d'humanités et connut avec toute leur douceur les joies d'un sens littéraire qui prend conscience de sa valeur et de sa puissance.

Depuis l'épiscopat de Mgr de Bruillard, qui en avait introduit d'abord l'usage au petit séminaire du Rondeau, les maisons d'éducation chrétienne, au diocèse de Grenoble, invitaient au mois de mai les élèves de toutes les classes à un concours en l'honneur de la Vierge Marie. Ils devaient développer quelque sujet religieux de leur choix, se rattachant autant que possible à l'histoire ou au culte de la Vierge. Le jugement du concours de mai donnait lieu à une séance solennelle : les meilleurs travaux étaient lus en présence des parents, après que le professeur juge du concours avait procédé, non sans raffinement d'éloge ou de malice, à la critique des compositions. Devenu juge à son tour, en mai 1895, Claude décrivait ainsi la première séance solennelle à laquelle il avait pris part, jeune écolier très impressionné par l'apparat de circonstance.

Quand pour la première fois, il fut question, en 1877, d'en introduire l'usage, la petite communauté d'alors ne l'attendit pas sans terreur : on avait appris que le rapporteur ferait des exécutions formidables. Aussi en pénétrant dans la salle du presbytère de Saint-Maurice où devait se tenir la première séance, chaque élève, involontairement, jetait à droite et à gauche des regards où se mêlaient la convoitise et l'inquiétude.

A droite étaient les convoitises. Sur un guéridon couvert d'un tapis dont les anciens n'oublieront jamais la couleur, s'étalait une pile de livres tout reluisants de dorures neuves, et sur la pile de livres, une superbe couronne de vrai chêne et de fleurs naturelles ; la couronne avait été cueillie en promenade par les rivaux de la veille pour les vainqueurs du lendemain. Je vous dis que c'était l'âge d'or en ce temps-là.

Mais les regards d'inquiétude allaient à gauche. Là retournant, remuant ses feuilles se tenait la critique. Et il apparaissait à tous qu'elle attendait impatiemment l'heure de sévir. Elle se levait en effet, et durant une heure sévissait sans nul souci des amours-propres endoloris, sans nulle appréhension des rancunes à venir, ce qui donne à penser que dans ce temps-là, c'était aussi l'âge de fer. A mesure que chaque nom était prononcé, on voyait une tête se baisser, un front rougir : à la fin, quand tous les fronts avaient rougi, et qu'au vent de la critique presque toutes les têtes s'étaient baissées,

« Comme au souffle du nord, un peuple de roseaux »,

chacun s'en allait, méditant dans son cœur, d'écrire, quand il serait grand, le chapitre vengeur, que M. Doumic nous a donné depuis lors : « Comment la critique fut enfin exterminée, et de l'ère de prospérité qui s'ensuivit... »

Le plus souvent, c'étaient les philosophes, les rhétoriciens, voire même les humanistes, qui avaient les honneurs de la lecture publique, au concours de mai. Le jeune Claude, dérogeant aux habitudes, mérita de lire son travail dès la classe de sixième et, jusqu'à

la sortie de l'école, ne manqua pas une seule
fois cette distinction.

De sa composition de rhétorique, en 1887,
intitulée *Consolatrix afflictorum*, citons ces
quelques vers pour le sentiment qui les anime
et pour le souvenir de sa mère qui inspire
ses premiers essais poétiques :

> Pourtant j'aime ce champ qu'habite le trépas ;
> Et je ne sais pourquoi j'y dirige mes pas ;
> Il me semble souvent qu'une force m'entraîne,
> Que là je sentirai diminuer ma peine,
> Ou bien, que de ma voix écoutant les échos,
> Ma mère m'aimera bien plus dans son repos,
> Si je reviens souvent, à genoux, sur sa pierre
> A mes larmes de deuil mêler une prière.....
>
> Amis, si, près de vous, s'épanche une pauvre âme,
> Dont le cœur fut brisé par un trépas cruel,
> Donnez-lui la pitié que sa douleur réclame,
> Et cachez-lui la terre en lui montrant le ciel !
>
> Versez sur sa blessure un baume salutaire !
> Essuyez tous les jours les pleurs de l'orphelin,
> Et que chacun de vous soit à cette âme un frère,
> Un autre ange ici-bas pour lui donner la main !

En philosophie, une pensée plus mûre s'ex-
prime dans un ample dialogue entre sainte
Monique et saint Augustin. La poésie « Au
Rivage d'Ostie » s'inspirait de la scène des
Confessions traduite en tableau par le pin-
ceau d'Ary Scheffer. Sous le nom de Monique,

n'était-ce pas aussi, dans la pensée du jeune
auteur, sa mère qui, du haut du ciel, l'appelait à la sublime carrière du sacerdoce? Monique termine ainsi l'entretien :

> Oh! maintenant que la mort vienne
> Obscurcir à jamais mes yeux!
> Brisez, Seigneur, brisez ma chaîne,
> Ouvrez-moi la porte des cieux.
> Aujourd'hui j'ai rempli ma tâche,
> Il n'est plus rien qui me rattache
> Au triste séjour d'ici-bas,
> Et mon âme, à tous inutile,
> Peut s'en aller d'un vol tranquille
> Vers la terre où l'on ne meurt pas!

> Et Monique se tut : longtemps dans le silence
> Son regard inspiré lut dans l'azur du ciel.....
> Son front transfiguré portait de la souffrance
>   Le signe solennel.

> Augustin murmurait tout bas une prière
> Laissant errer ses yeux où les guidait son cœur.
> Quand ils quittaient le ciel, ils allaient à sa mère,
>   Et lisaient son bonheur.

> Et la nuit s'écoula. Lorsque brilla l'aurore,
> Et que le jour revint sur les ailes du vent,
> Au céleste séjour tous deux songeaient encore,
>   Dans l'oubli du présent!

L'école Saint-Maurice, à l'exemple des
collèges de la Compagnie de Jésus, possédait
une « Académie » qui groupait les élèves les
mieux doués pour les lettres, et les plus

appliqués. Claude Bouvier en devint de bonne heure le président : il fit des rapports, prononça des discours en séance publique. De ces divers essais, retenons une étude fort intéressante sur saint Avit, poète et orateur, et à laquelle il apporta tous ses soins.

Pauvre distrait, écrivait-il à sa sœur, en te quittant, je vais rentrer dans le monde des réalités, que j'ai un instant déserté. Je vais me mettre à une étude littéraire sur saint Avit, que je suis en train de commencer pour l'Académie. Il va falloir beaucoup de temps, de patience surtout, car je serai obligé de faire beaucoup de recherches, les œuvres de saint Avit étant fort peu connues, et n'ayant jamais été ni analysées, ni appréciées, ni traduites.

Il s'indignait de ne rencontrer sur aucune place de Vienne une statue qui rappelât le glorieux souvenir de son grand évêque. Dans son travail de jeunesse qui fut imprimé et pour lequel il eut toujours une secrète préférence, il s'était attaché à traduire en vers deux fragments de l'œuvre de l'ancêtre admiré, dont il souhaitait de répandre le culte parmi les Viennois. Traduction élégante mais fidèle, notice où se montre un remarquable souci d'exactitude ; tel est ce travail qui vaut d'être signalé parce qu'il indique chez son auteur des aptitudes d'historien et présage pour l'avenir des travaux plus développés d'histoire locale.

Parvenu dès les années scolaires à sa petite célébrité, non seulement parmi les amis du collège, mais dans les milieux cultivés de la ville de Vienne, il est très remarquable que Claude se soit gardé de toute griserie d'amour-propre. Un très robuste bon sens l'y aidait sans doute, et aussi l'inquiétude du mieux, l'amour difficilement satisfait du beau, la recherche de la perfection dans la forme, et surtout sa vive piété.

Dans l'histoire de ses années de collège, nous n'assistons point à l'éclosion d'une vocation sacerdotale. Elle est comme sous-entendue dans l'esprit de tout le monde : lui-même n'en doute pas! Dès sa plus tendre enfance, il a résolu d'être prêtre ; depuis le temps où, tout jeune, il prêchait aux « petits », devant un autel dominé par une gravure de saint Antoine, il parle peu de sa vocation, et l'on en parle peu autour de lui. Elle était tenue pour certaine dans une âme si limpide et si évidemment orientée vers les plus nobles buts de l'existence. Un religieux venu pour prêcher la retraite de 1880, le P. Henri Desqueyrous, mort depuis procureur général de l'Ordre des Frères Prêcheurs, eut immédiatement la confiance de Claude, qui ne manqua jamais dans la suite de le consulter aux heures graves de la vie.

La Providence, écrit le P. Desqueyrous, me fit la grâce de rencontrer Claude Bouvier au mois d'octobre 1880, lors de la première retraite que je prêchais à l'école Saint-Maurice. Si ma mémoire n'est pas en défaut, il commençait alors la troisième ou la seconde, et remplissait à la chapelle les fonctions de sacristain.

Dès le premier jour de la retraite, l'attitude respectueuse de cet enfant autour de l'autel me frappa. Je ne fus nullement surpris quand il me confia son désir de se consacrer à Dieu, d'être prêtre. Je ne crois pas qu'il y ait eu jamais chez lui, sous ce rapport, un instant d'hésitation. Il songea même quelque peu à la vie religieuse, mais ce ne fut, semble-t-il, que pour arriver à se convaincre que Dieu ne lui demandait pas ce sacrifice. Il lui en demanda bien d'autres qui lui firent un devoir de ne pas s'éloigner de sa famille.

Sa correspondance, assez suivie, très confiante, et très filiale de sa part, me montrait une âme d'une limpidité et d'une droiture admirables, préoccupée de ne laisser infructueux aucun des dons excellents que Dieu lui avait départis, désireux de corriger certains petits défauts qu'il était le premier à me signaler et contre lesquels il réclamait avec instance des remèdes efficaces : une légère tendance à la moquerie, une petite pointe de malice, dont, je suis persuadé, personne n'eut jamais à souffrir réellement, étaient alors l'objet de ses résolutions, de ses efforts, de ses examens.

La piété personnelle du collégien trouva un soutien fort efficace dans la « congrégation », pieuse association où entraient les élèves les plus désireux de progrès dans la vie chrétienne. Il eut conscience d'y avoir puisé de grands secours et dans la suite ne cessa d'insister auprès de ses frères et de ses plus jeunes amis, pour les décider à s'y faire admettre.

Le zèle aussi avait une place dans sa vie intime : il se manifeste auprès des siens, notamment dans les lettres qu'il écrivait à sa sœur, élevée dans un couvent des environs de Vienne. Dans un style très enjoué, il donne des conseils, il prodigue des avertissements, avec une finesse d'observation qui surprend chez un si jeune homme. Nombre de ses condisciples acceptent aussi son influence à la fois discrète et active.

Des liens se nouent, des amitiés se forment qui inspireront plus tard à Claude ces délicieux conseils, échos de ses propres expériences.

Appréciez, multipliez entre vous les amitiés de collège que je considère, pourvu qu'elles soient sérieuses, solides, loyales, comme un des meilleurs remparts contre la médiocrité d'âme, comme un des plus efficaces stimulants de la pensée... Ces sympathies de l'esprit, que le cœur révèle, peuvent n'éclore que tardivement, elles n'en sont que plus durables. Quand elles finissent par apparaître entre trois ou quatre écoliers, troublés par les approches de l'avenir, inquiets des mêmes problèmes, enthousiasmés du même bien, c'est souvent pour le reste de la vie.

Avec quelques condisciples zélés comme lui, il fait le catéchisme à des enfants pauvres, habitués à vagabonder à l'aventure, préférant visiblement « une partie de gobilles à un chapitre de catéchisme ». Le travail est ingrat, les têtes rebelles, mais les jeunes apôtres « font cela gaiement » et de se sentir pour quelque chose dans l'instruction rudimentaire que retiendront « ces pauvres petits oiseaux du bon Dieu », cela leur rend la tâche douce.

C'est d'ailleurs sans mélancolie qu'il se donne à tant d'occupations si variées, témoin la fin d'une lettre à sa sœur pensionnaire :

Ah! oui, j'irais te voir, si les congrégations et les académies et les visites et les dissertations ne m'enlevaient pas mon dimanche comme d'habitude. Ne sois pas furieuse contre ton pauvre éreinté de frère qui en voit de toutes les couleurs dans cette lamentable vie... où il n'en rit pas moins beaucoup!

A l'encontre de tant d'enfants qui au sortir du collège n'éprouvent qu'une impression de délivrance, Claude, après son baccalauréat de philosophie, quittait son école pour le séminaire, avec le sentiment d'y avoir trouvé « un asile de la science », « un foyer d'amitiés », « une maison de foi ». « On s'en va, disait-il plus tard, mais pendant des années on a aimé son école, on y a servi Dieu parfois sans reproche, souvent sans peur, on y a accompli son devoir obscur. Advienne que pourra! La tâche s'illumine, le but se précise, c'est déjà la récompense! »

CHAPITRE III

AU SEMINAIRE D'ISSY

(1883-1885)

Le choix du séminaire où Claude ferait ses études de philosophie et de théologie fut mûrement délibéré. Bien des motifs inclinaient sa famille à l'envoyer de préférence à Rome, où son âme d'artiste se serait plus largement épanouie. Il y aurait retrouvé, établi depuis de longues années, un ami de son père, le peintre Jacques Pilliard, un fervent de Rome, familier de Pie IX, ami de Louis Veuillot, causeur enfin très instruit et rempli d'esprit et de verve. Mais l'artiste ne venait que très rarement à Vienne, à cette époque, et d'autres considérations dirigè-

rent Claude Bouvier vers Saint-Sulpice :
la réputation bien établie de cette noble
école du clergé français l'attirait avant tout;
puis les affaires de M. Bouvier le conduisaient
trois ou quatre fois par an à Paris, et le père
et le fils, qui ne s'étaient jamais séparés jusque-là, se promettaient une grande joie de se
revoir.

Homme de goût, M. Bouvier tint à devancer
l'époque de la rentrée pour assurer à son fils
quelques jours de loisir dans la capitale : il
tenait à lui « présenter Paris »; il l'accompa-
gna dans les principaux musées, le conduisit
dans quelques théâtres à des représentations
classiques, qu'il considérait comme un complément très utile des leçons du collège. Le
bon jugement du père assurait ainsi à son fils
une connaissance plus achevée, plus vivante
des chefs-d'œuvre de l'art dramatique. Devenu
professeur, Claude se montrera très original,
très vivant dans l'explication des grands tra-
giques français, et capable d'interpréter avec
justesse des scènes dont le jeu des grands
artistes lui avait révélé toute la beauté.

La rentrée d'Issy eut lieu le 3 octobre 1883.
Claude pénétrait véritablement dans un monde
nouveau, mais par la porte austère d'une
semaine de grande retraite. Parmi des condisciples inconnus il subit l'épreuve de l'isole-

ment, particulièrement pénible à un séminariste qui ne s'était jamais éloigné de sa famille ; mais le courage ne lui fit point défaut.

Il se mit à l'œuvre et inaugura une pratique qu'il conservera très fidèlement jusqu'à ses derniers jours : celle de noter les principales impressions et résolutions de ses retraites.

Le programme qu'il se trace est caractéristique de sa spiritualité personnelle, prudente et simple, sans surcharge de pratiques, aimant les voies de l'abandon et de la docilité. Nous en citons les grandes lignes :

Après avoir médité dans le recueillement, j'ai arrêté mon attention sur quelques points dont l'observation rigoureuse me paraît la plus sûre garantie de tout progrès dans la vertu, et j'ai résolu :

1° d'observer simplement et scrupuleusement le règlement ordinaire de la maison ;

2° d'y joindre quelques pratiques de piété supplémentaires, comme par exemple, la récitation du chapelet dans les corridors en me rendant en classe ou à la salle des exercices. De cette façon, aucune minute ne sera perdue pour mon âme et je tirerai parti des plus petits instants ;

3° de me surmonter autant que possible dans les moments de tristesse ou de découragement, et, en tous cas, de n'en jamais rien laisser paraître au dehors ;

4° d'être d'une prudence excessive et de ne jamais me fier au premier jugement que je pourrais porter des hommes et des choses ;

5° de ne jamais me laisser envahir par la tiédeur ou par tout ce qui pourrait s'en rapprocher ;

6° d'avoir pour la Sainte Vierge une dévotion plus grande que jamais;

7° de m'habituer plus que jamais à considérer les avis de mon directeur comme des avis inspirés par Dieu, et de les observer comme si c'était Dieu lui-même qui me les eût donnés de sa bouche;

8° de ne jamais m'arrêter et me reposer, confiant dans le chemin parcouru; de ne jamais me contenter d'un simple progrès et de viser tous les jours au mieux.

Malgré son inexpérience, il a discerné, dès ses premiers pas au séminaire, que son règlement de vie ne devait pas se composer de pratiques minutieuses, suffisamment prévues dans le règlement général de la maison, mais de quelques principes simples qui orienteraient sa vie intérieure : il assure l'harmonie de son action personnelle avec l'impulsion générale reçue des directeurs de la maison en acceptant sincèrement le règlement ordinaire, de manière à l'observer avec largeur et exactitude selon son esprit; il prend quelques précautions contre sa tendance personnelle au découragement et aux tristesses; surtout il professe le respect de son temps, bien résolu à n'en pas laisser perdre la moindre partie. D'esprit très ouvert aux besoins de la société contemporaine, il voit tant de connaissances à acquérir et d'œuvres à réaliser, qu'il se sent pressé d'utiliser les plus petits instants. Cette noble préoccupation ne le quittera jamais; il la portait, au détriment de sa santé, jusque dans les délassements qu'il sentait nécessaires. La tension d'esprit ne se relâchait un peu, dans son âge mûr, que pendant les grandes vacances; il veillait alors à les prendre loin de ses instruments de travail, mais en compagnie d'amis à côté desquels il avait conscience de s'instruire encore.

Parmi ses résolutions, il en est une qui offre un indice de maturité dans un si jeune homme; elle est relative à la prudence dans les jugements. Doué d'une grande pénétration d'esprit, il discernait très vite les nuances des caractères et les moindres défauts; mais, de cœur très sensible, et enclin à la sympathie devant une simple apparence d'élévation ou de délicatesse d'âme, il sent le besoin de joindre la prudence à la charité, et dans le milieu, si nouveau pour lui du séminaire, de tempérer la promptitude de ses jugements, de ses sympathies ou de ses antipathies, afin de ne donner son cœur qu'à bon escient. Nous l'avons vu sensible aux amitiés du collège; mais c'est au séminaire qu'il apprendra que l'amitié est une vertu et doit donc être l'effet non d'un attachement impulsif mais d'un choix où le cœur accepte le contrôle de la raison.

Les séminaires d'Issy et de Saint-Sulpice offraient aux facultés d'observation de Claude un champ d'exercice des plus étendus. Il rencontre à Issy de jeunes hommes issus de toutes les provinces de la France, et aussi des Américains, des Anglais, des Canadiens, des Brésiliens, des Grecs, des Syriens, des Arméniens. Et Claude écrira : « Rassemblés ici des quatre coins de la France, et même de toutes sortes de pays étrangers, nous vivons en frères ! » Pour fondre dans une famille tant de sujets divers d'origine, de langue, d'accent et de costume, la tradition du séminaire demande qu'à l'heure de la récréation l'on ne choisisse pas ses compagnons, mais qu'on se joigne au premier groupe de confrères qui se présente. En terme de séminaire, cela s'appelle « fusionner ». Claude avouera un jour que jamais il n'a tant fusionné qu'en cette première année d'Issy. Plus tard, il suivra moins à la lettre le règlement sur ce point, et fera leur part légitime aux exigences de l'amitié ; mais il en conservera toujours l'esprit et se fera une loi de maintenir le contact avec tout l'ensemble de la communauté.

L'habitude de converser avec tous les élèves du séminaire offrait au futur prêtre une magnifique occasion de se mettre au courant, sans peine, et par des entretiens très attrayants, de la situation de l'Église dans les divers pays représentés, ainsi que des exigences et des formes de l'action catholique. Saint-Sulpice est plus qu'un séminaire national : c'est un séminaire universel.

La variété d'origine sociale chez les séminaristes présentait un autre genre d'intérêt. Parmi les recrues du séminaire, il y avait des hommes de tout âge et de toute condition : des rhétoriciens d'hier et des hommes qui, ayant occupé une situation dans le monde, en avaient fait le sacrifice à leur vocation : anciens officiers, magistrats, avocats, polytechniciens, normaliens, commerçants, têtes grises quelquefois, et physionomies mûries, qui contrastaient avec la majorité des figures jeunes et presque enfantines. Il y avait quelque chose de touchant à voir ces hommes commencer, à leur âge, des études nouvelles et se plier aux dispositions d'un règlement quelque peu scolaire. En classe, il arrivait qu'un professeur, connaissant la compétence spéciale de tel ou tel de ses élèves en matière de droit, de science, d'histoire ou de philosophie, lui demandât de donner publiquement son avis sur une controverse. Claude racontait souvent avoir été singulièrement frappé et édifié de la modestie et de la simplicité de tels anciens.

Leur présence au séminaire accentuait

encore le ton de bonne éducation qui était de tradition à Saint-Sulpice entre les élèves : une réserve toute naturelle ou plutôt un mutuel respect, une franche simplicité, une urbanité exquise, une gaîté sans éclat, bref, un esprit de fraternité tel qu'on peut le souhaiter entre de futurs prêtres.

Lorsque les études, après la retraite de rentrée, eurent pris leur cours, une correspondance régulière s'établit entre le nouveau reclus et sa famille et ses amis de Vienne. C'est dans les lettres de Claude que nous avons l'histoire de sa vie au séminaire : vie studieuse, dépourvue d'événements extérieurs, un peu monotone, mais combien favorable au recueillement et au travail. Que l'humour de ses récits et la malice aimable de ses crayons ne donnent pas le change sur les dispositions intimes de leur auteur! Il s'amuse lui-même de ses peintures, en même temps qu'il divertit au loin ceux qui le suivent par la pensée et qui souvent se passent de main en main les lettres « encycliques » où il retrace pour tous le tableau de ses journées.

Le voici dans sa cellule, « que nous appelons, dit-il, notre chambre; c'est là ce que la règle nous conseille d'aimer davantage, et c'est aussi ce que je préfère ». Il écrit à son père :

Je commence un peu à m'habituer à ma prison. Elle n'est pas dorée par exemple : c'est le moindre de ses défauts. Quatre murs, un placard, un lit de fer, une petite table en bois blanc, deux chaises de paille, voilà tout l'ameublement : c'est simple et de fort bon goût.

Non ! Ne calomnions pas ma chambrette. Elle vaut mieux qu'il n'y paraît : il y a un plancher, une cheminée en marbre, une caisse à bois sous la fenêtre ; ce n'est plus de la simplicité déjà... Avec ce que j'y ai ajouté, il y a des livres de philosophie, de prières et de mathématiques, des cahiers, une petite gravure de saint Thomas d'Aquin, un beau règlement tout neuf, un avertissement de M. l'Econome fraîchement imprimé ; disons tout : c'est beau !

Il y a aussi un bénitier à l'aide duquel on peut chasser le diable toute la journée, ce qui est superflu, car il n'est jamais entré qu'une fois à Issy et il s'est sauvé dans la peau de Renan.

Qu'y a-t-il encore ?... Une statue enluminée, souvenir d'un de mes amis de Vienne ; quand on pleure, on la regarde ; elle sourit et comme il n'y a rien de tel que le sourire pour se communiquer, on sourit aussi... Il y a surtout d'un côté le portrait de maman qui a l'air bien heureuse de me voir là, et puis de mon bon petit père à qui je dis adieu tous les soirs avant de me coucher. Je prie ton bon ange de te faire une heureuse nuit, et le lendemain, quand je me lève, je te regarde encore avant de descendre à la prière. Je songe que tu dors encore et je me sauve vite à la chapelle sans faire de bruit, pour ne pas t'éveiller, et je demande au bon Dieu de t'accorder un doux réveil.

N'est-ce pas que ma chambre devient jolie peu à peu? Mon Dieu ! qu'il faut peu de chose pour animer ce qui est mort, pour éclairer d'un rayon de joie un intérieur qui serait triste et monotone sans souvenirs.

Le début de la journée est austère. Le réveil présage une journée bien remplie où tout est vivement mené.

A cinq heures moins un quart, on voit pénétrer chez soi, comme un obus, un personnage patibulaire, en vêtement noir, tenant une lanterne sourde à la main ; d'une voix éclatante qui retentit au loin dans les corridors, éclairés par de fumeux quinquets, il s'écrie : « *Benedicamus Domino!* » Eveillé en sursaut, le patient répond d'une voix enrouée par le sommeil : « *Deo Gratias!* » Et pendant qu'il se frotte les yeux, on lui éclaire sa bougie ; sur ce, l'homme noir se retire impétueusement et va continuer sa cruelle opération dans les chambres voisines.

A cinq heures moins cinq, la cloche du séminaire lance son premier appel ; tout le monde se précipite au bas de son lit.

Le travail, comme il sied, occupe la plus grande partie du temps au séminaire. Claude avait toujours aimé l'étude ; mais maintenant qu'elle est en rapport direct avec son ministère futur, il s'y livre avec enthousiasme. Les cours de physique et de chimie, regardés au séminaire comme un complément indispensable des études de philosophie, lui deviennent plus aimables qu'autrefois ; les expériences sont nombreuses et intéressantes. Une surprise l'attend au détour d'une composition en physique : dès sa première année, il est choisi pour être l'un des quatre maîtres de conférences de physique, avec mission de faire certains soirs, pendant trois quarts d'heure, une répétition à un groupe d'élèves. Il est aussi confus qu'ennuyé d'un tel honneur. Les sciences ne l'avaient jamais attiré, et il y avait quelque chose de paradoxal à ce que ce fût précisément à leur sujet qu'il eût été distingué au séminaire et cessé d'être comme il le disait plaisamment « le numéro X du Bâtiment B ».

Il raillait volontiers sa dignité inattendue. Écoutons-le nous peindre les difficultés de ménage du conférencier :

L'autre jour, il gelait dans mon pot à eau ; j'ai cru bon d'allumer enfin mon feu. Je sors donc de ma caisse les copeaux et le bois nécessaires, et, comme je dispose le tout dans le foyer, voilà qu'un nuage de suie m'arrive dans les yeux... Je continue courageusement ; je fais craquer une allumette, puis deux, puis trois. Je m'aperçois alors que mes allumettes étaient restées exposées à l'humidité ; après en avoir trouvé d'autres, j'ai continué... La flamme a brillé ; un pétillement joyeux m'a annoncé que la chaleur allait enfin réjouir ma chambrette de sa venue. Mais, rien, rien du tout, rien qu'un vent glacé que la cheminée amenait en abondance ; voilà ce qu'a été mon feu pendant toute une soirée, lorsque vers le soir, à force de mettre du bois, j'ai joui (ô délices !) d'une douce température. Mais quand je me suis relevé et que j'ai regardé ma figure dans ma glace (un meuble superbe qui m'a coûté dix sous et qui me servira à faire ma barbe), j'ai vu un nègre du plus noir ébène qui me regardait avec des yeux flamboyants. J'ai été obligé de laver le nègre, de le peigner, de le brosser, de vider la cuvette, et d'aller chercher de l'eau propre pour le lendemain. Quand je suis rentré, une douce surprise m'attendait : mon feu était complètement éteint!

Je l'ai rallumé : j'ai tous les courages. Et quand il s'est mis à flamber de nouveau, au moment où j'allais jouir de ma peine, la cloche nous appelait à toute volée à la conférence de physique.

Et rien de prêt! Et il s'agissait de calculs sur l'intensité de la pesanteur. Le dieu du Toupet, divinité secourable, m'est venu en aide, il a placé vaillamment sous mon bras mon Fernet et mon Langlebert, et il m'a poussé jusque dans l'affreuse salle où je professe et où a professé M. Renan, un de mes vénérables et nombreux prédécesseurs à la charge de Maître ès-conférences, comme nous nous appelons entre collègues. J'ai dit d'une voix assurée le *Veni Sancte;* je me suis assis solennellement sur ma chaise et j'ai appelé au tableau un bachelier ès sciences, tout disposé à l'écouter, mais pas à l'interrompre : le malheureux n'a pas desserré les dents.

Qu'allais-je faire? Je ne le savais pas. Absorbé dans une méditation profonde, je voyais danser les chiffres sur le tableau ; des phénomènes étranges brouillaient ma cervelle. Le dieu du Toupet, me prêta encore une fois main-forte, et je m'écriai d'une voix enrouée : « Messieurs, je ne m'étonne point que vous ne sachiez pas, Langlebert ne donnant que peu de détails sur la question et se bornant à donner quelques problèmes. Je vais vous lire ce que dit sur ce sujet un excellent ouvrage, celui de M. Fernet, que je vous conseille vivement d'acheter. Cet auteur s'explique très clairement et d'une manière excellente sur la question qui nous occupe. » Là-dessus, lecture de Fernet; lecture lente, soulignée par des élévations de ton et des

« remarquez bien », sur les passages importants. Le fait est que, à la fin de la lecture, aidé que j'étais par les souvenirs qu'elle avait éveillés dans ma tête, j'ai pu l'expliquer tout seul au tableau. La situation était sauvée.

Quand je suis rentré dans ma chambre, encore tout rempli de mes émotions, il y régnait une douce chaleur, mais... le feu était éteint !

Je ne l'ai pas rallumé.

Il raille agréablement : il s'amuse et il amuse son correspondant. Il n'en est pas moins vrai que les maîtres de conférences n'avaient été choisis qu'au terme d'une série d'épreuves écrites et orales et « après une composition semi-philosophique, semi-scientifique sur la force vive et sur le travail mécanique » et qu'il avait paru supérieur, même en cette matière, à tel ou tel bachelier ès sciences. Il est à croire de plus que l'on avait remarqué chez lui un don inné de clarté, de vie et de méthode dans l'exposition, qui est éminemment celui du professeur.

Aussi bien ne reste-t-il pas confiné dans la physique. Au bout de peu de temps ses aptitudes l'ont fait désigner comme maître de conférences de philosophie, et sa fonction lui paraît singulièrement lourde.

Il faut préparer beaucoup de conférences et satisfaire à toutes les objections, et comme il faut faire le tout en latin, je m'exerce continuellement à l'usage de cette langue. Dieu merci, on n'a pas besoin de faire du latin cicéronien ! Cela n'empêche que j'ai beau n'être pas fort en physique, je préfère dix conférences de physique à une seule de philosophie. Avec de la mémoire et en s'habituant à certaine précision, on peut s'en tirer pour la physique. Il n'en est pas de même pour la philosophie, qui exige une attention beaucoup plus soutenue lorsqu'on l'étudie dans tous ses détails, comme nous le faisons.

Les argumentations publiques auxquelles il est appelé à prendre part comme maître de conférences lui paraissent particulièrement fastidieuses, et, au début du moins, il préférait « faire cinquante sermons en bon français à un seul de ces ennuyeux exercices ».

La préoccupation des études chez cette jeunesse studieuse et ardente se marque jusque dans la tournure des conversations. La politique en est bannie, les événements du séminaire ont peu de relief, la causerie se répand tout naturellement sur les études :

Quand viennent des condisciples, je les aborde et on cause alors de philosophie, de piété, de science quelquefois, point de Vienne, hélas ! On s'intéresse autant qu'on le peut à la conversation : les uns en tiennent pour Descartes, les autres sont thomistes enragés. En somme on ne se bat pas, mais cela vous reporte au moyen âge ou bien à ces histoires d'écoliers sérieux, d'étudiants acharnés, reconnaissant des maîtres et formant école. J'avais toujours cru qu'on y attachait quelque vanité, quelque prétention ; je suis à peu près détrompé maintenant. Ici, M. Vallet est un dieu dont on recueille les paroles comme des perles et les enseignements comme des théories originales et précieuses destinées à relever quelque jour le monde chancelant sur sa base. Du reste, on fait tout cela si naïvement, si simplement, qu'on aurait bien tort de voir dans ces discussions continuelles sur des sujets si élevés quelque intention prétentieuse.

On parle aussi de physique, beaucoup trop à mon avis, car lorsqu'on s'aventure un peu loin, je reste en route : je garde un profond silence, lorsqu'il y a du calcul en jeu. Je parle un peu plus lorsqu'il s'agit de pure physique ; car je commence à y trouver un grand attrait ; on est obligé de s'intéresser à ce qu'on fait, si l'on ne veut pas s'ennuyer ; or, je ne dois faire que de la physique pendant toute la matinée, donc...

L'autre jour, hier, on a causé photographie ; pensez si c'était mon affaire. Je me suis étonné moi-même. Et comme exemple j'ai montré votre photographie que je venais de recevoir : j'ai fait alors une théorie admirable sur le dégradé en photographie. « Voyez ! disais-je, c'est un candidat à la licence. Comme il est juste, ses joues sont creuses, une maigreur désolante annonce le jour terrible. Admirez comme le dégradé avec les teintes blanches qu'il répand autour du personnage contribue à faire ressortir le contraste effrayant des ombres, et les plis tracés par le travail. » Et pour terminer par une pensée philosophique, car on en revient toujours là : « Et c'est ainsi, Messieurs, que la physique a des rapports avec, etc... »

Le cœur n'est pas encore tout entier à la tâche, et c'est d'un autre ton qu'en seconde année il parlera de la philosophie et de la métaphysique.

II

La correspondance assidue ne le console
point entièrement de l'éloignement des siens;
l'humour qui traverse ses lettres « encycliques » contraste avec la mélancolie des lettres
plus intimes où se dissimule une véritable
souffrance :

Votre lettre est venue éclairer d'un rayon de joie,
d'un reflet du beau soleil de Vienne, ma cellule un
peu sombre. Il en est ainsi toutes les fois que je reçois
des nouvelles de là-bas. Je pleure un peu en lisant
vos lettres; cela soulage. Et puis je les relis encore.
Je vous vois tous; je lis entre les lignes: les images
des choses me rendent vivant un tableau lointain. Il
y a à tout cela un charme mélancolique dont je ne
sais me défendre; ajoutez que les bois ont jauni et
que les allées sont semées de feuilles mortes et que la
fête de nos défunts approche.

Les événements intimes se succèdent à
travers l'année, joyeux et tristes, et douloureux. Le 19 octobre, peu de jours en somme
après la rentrée, en la fête sulpicienne de
l'Intérieur de Notre-Seigneur, Claude revêt
l'habit ecclésiastique. Au milieu de sa joie, il
pense au bonheur qu'en eût éprouvé sa mère :

Cela se passe bien simplement. La veille au soir,
on va faire bénir la soutane et le surplis à la sacristie,
et le lendemain on la porte. Tous vos confrères

viennent vous offrir leurs vœux et les anciens se réjouissent d'avoir un nouveau frère. Monsieur le Supérieur donne aussi quelques conseils. En somme, rien de plus simple et de plus paisible.

Pour moi, un de mes regrets bien amers, c'est de sentir en ce moment la fête des Morts s'approcher et de ne pouvoir aller sur la tombe de maman réciter quelques prières. Vous y resterez un peu plus long-temps pour moi, n'est-ce pas?

Pour une âme aussi sensible, il faut compter comme un de ses bonheurs l'arrivée d'un con-disciple de l'école Saint-Maurice qui entre au séminaire d'Issy : « Que ne me tombe-t-il du ciel, écrivait-il un jour, quelque vieux compa-gnon pour m'encourager à passer les jours de cet exil loin de vous, avec plus de force et un peu plus de résignation! »

Or, un jour du mois de décembre, il est appelé chez le supérieur du séminaire, et, tout surpris, tombe dans les bras de son an-cien camarade d'école, Henri Guy. Et c'est ainsi, que, suivant son expression, sa « pre-mière soutane accueillit sur le seuil du sémi-naire le dernier frac de M. Guy ».

Les joies alternent avec les chagrins qui viennent troubler cette première année d'ab-sence. La visite de son père, tendrement aimé, avait embelli pour Claude la fête de Noël, quand dès le lendemain, 26 décembre, son père à peine parti, il apprend l'accident tragique qui venait en quelques heures d'emporter son frère Antoine. Le jeune homme séjournait à Panama, loin des siens. En se baignant, il fut pris d'une congestion, mais transporté à l'hôpital, il put recevoir l'Extrême-Onction.

Au mois de février suivant, quelques jours avant les examens semestriels, autre deuil très cruel pour cette famille unie : son oncle paternel, père de son cousin et ami d'enfance Jules, mourait brusquement après une maladie de deux ou trois jours. Le supérieur du séminaire n'hésita pas à permettre à Claude de venir rendre les derniers devoirs à celui qu'il chérissait comme un père. Ce fut en suivant la dépouille mortelle de cet homme de bien, et pour accomplir parmi les siens un ministère de consolation, que Claude produisit pour la première fois sa soutane dans les rues de sa ville natale.

Un précieux secours avait été ménagé à Claude par la Providence en la personne de son directeur, pour l'aider à porter les souffrances intérieures de cette première année et les épreuves de famille.

Le directeur de conscience à Saint-Sulpice n'est pas simplement un confesseur, il est le confident, l'ami expérimenté, qui, en des causeries intimes, interroge, observe, encourage, exhorte et console.

Claude avait reçu pour directeur M. Vallet, auteur très connu du premier manuel de philosophie thomiste, mis entre les mains des élèves depuis le retour à l'étude de la scolastique. Claude, dans une de ses lettres, avait nommé son directeur « comme la première des bonnes choses que l'on trouve au séminaire ». Il l'avait trouvé dès l'abord « très bon, bien que froid et toujours impassible ; l'écorce est toujours rude : ce qui est bon, c'est ce qu'elle recouvre ». L'abord un peu austère, par devoir, du directeur, et la timidité du dirigé n'empêchèrent pas leurs âmes de se rencontrer, et ils conçurent bien vite l'un pour l'autre une réelle affection. Comme les âmes qui ont un grand idéal au cœur, ils n'avaient pas la moindre peine à s'en ouvrir. Claude aimait la direction. M. Vallet dit même : « Il en avait le culte, il ne se bornait pas à se laisser diriger, comme plusieurs ; il avait soin de se faire diriger. » La confiance qu'il témoignait à son directeur fut pour lui une source de paix parmi ses épreuves de famille et de sérénité au milieu d'inquiétudes et de troubles.

Dès sa première année, Claude, au printemps, fut appelé par le conseil des directeurs à recevoir la tonsure. Le plus souvent, cet appel n'a lieu qu'en seconde année, après une épreuve assez longue pour que les directeurs n'aient plus lieu de redouter un manque de persévérance. Quelques mois de séjour à Issy méritaient à Claude de devancer l'époque ordinaire pour devenir clerc et appartenir, selon les termes de droit, au for de l'Église.

Le jour même où lui était notifié cet appel, il écrivait dans son cahier intime :

Jeudi, 17 avril, jour de l'appel :

O mon Dieu, je vous bénis !

Je le désirais ; je l'espérais ; je l'attendais !

Oh ! vous savez bien pourquoi je vous dis merci ! Si vous avez si souvent brisé mon cœur depuis mon entrée au séminaire et avant que j'y entre, si vous avez si bien aplani les voies, écarté les difficultés, accéléré le cours des choses, je reconnais bien aujourd'hui le mystérieux dessein de votre miséricorde ; je vois le plan que vous avez suivi ; je vois aussi le rapport de tous ces détails à la fin que vous vouliez atteindre. Merci ! Merci !

La retraite d'ordination commença le 2 mai. Le cahier intime contient ces paroles énigmatiques :

Mardi, 6 heures. Quelles belles flammes... Ce que le feu dévorait, c'était le débris de mes vanités, de mes espérances vaines ! C'était bien aussi mon propre cœur brisé pour toi, ô Jésus, et consumant, pour toi, tout ce qui était étranger à ton amour.

Oh ! mon Dieu, si vous le voulez, acceptez ce petit (oh ! oui) ce petit sacrifice pour que je sois capable d'un plus grand, s'il le faut, en tout cas, pour que j'obtienne la paix.

Le sacrifice, auquel il fait allusion, nous est éclairci par une lettre de son directeur qui estime nous devoir cette explication : « On lui avait dit que le propre du tonsuré est le détachement et que chacun devait, après avoir mûrement réfléchi, se séparer de ce qui, humainement, lui tenait le plus au cœur, et l'offrir à Dieu comme le vrai symbole de soi-même. S'étant bien examiné devant Dieu, il sembla à Claude qu'il était trop attaché à certaines lettres, flatteuses pour sa vanité, et que pour entrer dans la voie du détachement, il devait sur l'heure et sans défaillance les jeter au feu, ce qu'il ne tarda pas à exécuter. »

Autant nous aimerions posséder ces lettres révélatrices, autant nous sommes touchés de l'acte généreux qui nous en prive.

Le lendemain de ce jour, l'âme encore émue de son « petit sacrifice », le futur tonsuré s'offre tout entier au Christ, en une prière dont la richesse de sentiment, l'élévation de pensées, l'harmonie et la simplicité d'expression rappellent, sans désavantage, les effusions de l'abbé Perreyve :

Me voici, ô mon Jésus, bien faible, bien imparfait; gémissant sous le poids de mes misères!

Me voici devant vous, attendant votre grâce, tout ému de la transformation que vous allez opérer en moi. Me voici! Prenez-moi!

Me voici pour vous seul, ô Jésus, pour procurer votre gloire ici-bas, pour vous aimer, vous bénir à jamais!

Me voici pour moi-même, pour me sanctifier, pour me sauver!

Me voici pour les âmes. Oh! les pauvres âmes! Par tout ce que j'ai souffert et par tout ce que je souffre encore, j'ai senti profondément tout ce que je devrai faire pour elles, en votre nom, ô Jésus. Je vous ferai bénir, je vous ferai aimer : je le veux.

Me voici avec tout ce que j'ai. Je viens vous le donner ou plutôt vous le rendre.

Me voici avec mes forces. Faites-en ce que vous jugerez bon. Dirigez-les où vous voudrez ; s'il le faut, épuisez-les avant le temps ; elles sont à vous.

Me voici avec mon intelligence! Elle sent partout des bornes et ne voit que vous pour l'agrandir et la combler. Usez-en comme vous voudrez. Instrument de votre puissance, que votre main sage et ferme la conduise et la guide.

Enfin, me voici avec mon cœur! Pauvre cœur! Vous le connaissez bien ô mon Dieu, par ses faiblesses, par ses défaillances. — Fortifiez-le; rendez-le puissant contre lui-même.

Me voici avec mes fautes passées, avec mes fautes présentes. — Pardonnez-les-moi. Purifiez-moi tous les jours.

Me voici avec beaucoup de faiblesse et peu de mérites. Acceptez-les quand même!

Combien d'autres ont dit comme moi et avant moi : Me voici!

Combien de saintes âmes m'ont précédé en me montrant le chemin. Que leurs mérites et que le fruit de leurs vertus retombent sur moi si faible, si méprisable!

Comme dans toutes les circonstances solennelles de sa vie, les souvenirs de la mort de sa mère lui reviennent à l'esprit avec une plénitude de sentiment qui empreint de sa gravité et de sa douceur toute la cérémonie de la tonsure. Nous les avons déjà cités, et par une association devenue invincible, le souvenir de la Sainte Vierge se joint à celui de sa mère. Le jour où il recevait la tonsure, le 6 juin, en la fête de saint Claude, son patron, il écrivait encore ces lignes : « O Vierge Sainte que j'ai chérie comme une mère et bénie dès mon enfance, quand la voix de ma mère m'apprenait à vous louer ! Vierge Sainte, présentez à votre Jésus mon sacrifice ; ainsi offert par vous, il lui sera agréable. »

Les grandes vacances suivaient de près l'ordination ; elles apportent à sa famille, à ses anciens maîtres, à ses condisciples, l'occasion, de fêter « sa jeune soutane » et de s'édifier au spectacle d'une piété en plein essor. Très assidu aux offices, très régulier dans l'accomplissement de ses exercices, il est aussi très ouvert, plein d'entrain, et donne à tous l'impression qu'il est pleinement dans sa voie. Pour beaucoup de jeunes, spécialement pour ses deux frères encore au collège, sa vie est déjà une lumière et comme une invitation à le suivre un jour.

Dans cette vie de vacances uniforme et simple, peu d'événements méritent d'être notés, peu de lettres même qui permettent de suivre ses sentiments intérieurs : sa distraction la meilleure lui vient d'un voyage aux eaux de Baden en Suisse avec son père. De là, en compagnie de son cousin Jules, il gagne Munich, que les deux amis avaient visité une première fois avec l'enchantement de leurs seize ans, et Vienne en Autriche où les conduit leur curiosité artistique.

De retour dans sa ville natale, il a la joie de recevoir son directeur de conscience, de le présenter à sa famille, inaugurant ainsi une pratique qu'en digne élève de Saint-Sulpice il devait transformer en usage, puis en tradition immuable. Tous les ans, M. Vallet de plus en plus aimé viendra voir ses enfants de Vienne, dont le nombre s'accroît peu à peu, mais c'est Claude qui a les droits d'aînesse. Déjà prêtre, il écrit : « M. Vallet va probablement passer deux jours à Vienne ; mon cœur éprouve une joie toute filiale que vous devez comprendre parce que vous aimez comme moi ce saint et savant prêtre. »

La seconde année d'Issy est encore consacrée à l'étude de la philosophie. Les impressions du séminariste sont moins vives, en raison de l'accoutumance, et jusqu'aux derniers mois aucun événement de quelque importance ne vient rompre le cours ordinaire et paisible d'une vie consacrée à l'étude et à la prière.

Les principaux patrons qu'il se choisit pour cette année sont saint Louis de Gonzague, saint François d'Assise, saint Dominique et saint Ignace, presque tous des fondateurs d'ordre, comme si l'idée dominante de sa retraite de rentrée avait été de se former par l'observation de la règle du séminaire.

C'est vraiment au cours de cette année qu'il s'éprend de philosophie, de métaphysique surtout. Ne va-t-il pas proposer à son cousin, pour les vacances suivantes, de s'instituer professeur de métaphysique et de lui consacrer deux heures par jour, se faisant fort de l'enthousiasmer.

La métaphysique, fort bien exposée par notre professeur, m'a transporté d'un saint amour pour la philosophie scolastique. Quelques thèses m'ont bien paru dures à avaler; au cours, les objections pleuvaient de tous les points de la salle. Il y avait parmi mes confrères une animation, une vie, à laquelle la logique étudiée pendant l'hiver passé ne nous avait pas accoutumés. Rentrés dans nos cellules, on se précipitait avec fièvre, qui sur saint Thomas, qui sur Aristote, et là, dans d'ineffables colloques, on demandait aux sources elles-mêmes le sens mystérieux caché dans les assertions. Les discussions étaient quelquefois difficiles, mais au risque d'épuiser la patience de notre professeur, elles finissaient toujours heureusement.

Nous voilà depuis quelques jours lancés dans la théologie naturelle. On y vit dans une atmosphère plus chaude. On sent les approches de la véritable théologie.

Le goût de la scolastique n'empêche pas la curiosité de se porter à l'occasion sur les objets les plus divers. Les élèves d'Issy, ayant la permission d'assister les jours de congé à la conférence des œuvres faite pour les élèves de Paris, Claude ne manque pas l'occasion d'y entendre des fondateurs d'œuvres, des avocats célèbres, le Père Monsabré.

Avant l'arrivée des élèves de Paris, les Issyens ont entre eux de 7 à 8 heures une conférence littéraire à laquelle Claude refuse longtemps d'assister, craignant, explique-t-il, de tomber dans quelqu'une de ces sociétés d'admiration mutuelle comme il doit en exister partout, même au séminaire. Je m'étais bien trompé, je le reconnais maintenant, et j'ai été véritablement enthousiasmé de l'heure que j'ai passée ce matin à entendre mes confrères.

Ce que j'ai aimé beaucoup dans cette conférence, c'est l'entrain, la franchise, la simplicité surtout. Quelques-uns manient la parole fort élégamment et fort habilement. J'en ai jugé au moment de la critique que certains confrères ont improvisée comme s'ils l'avaient préparée huit jours à l'avance.

La participation de Claude à toutes les initiatives permises aux séminaristes avait été si remarquée et l'estime qu'il inspirait était si grande qu'il fut chargé dans cette deuxième année de la direction générale des œuvres à Issy.

La seule chose qui parut manquer à cette deuxième année, c'était l'attente d'une ordination. Mais Dieu destinait à son clerc un autre moyen de progrès par une épreuve très pénible à sa nature aimante.

Son père étant venu à Paris comme d'habitude, au mois d'avril, fut atteint subitement de congestion cérébrale, au milieu d'une conversation, et transporté à l'hôpital. C'est là que Claude le trouve paralysé. Presque en même temps, il apprend la mort soudaine d'un oncle maternel, son parrain très aimé. M. Claudius Jacquet qui habitait à Paris, s'était rendu à pied, sans appréhension, à la maison où il devait subir une opération, laquelle avait amené sa mort. Ce furent des jours cruels!

Au bout de deux semaines, Claude put ramener à Vienne son père toujours infirme, et dans l'impossibilité de se mouvoir. Peu à peu, au cours des mois qui suivirent, le malade reprit l'usage restreint de ses membres; il n'avait à aucun moment perdu sa bonne humeur; il était le premier à plaisanter sur ses maux; mais sa famille ressentait une vive inquiétude, et Claude s'effrayait de le voir, dans cet état, à la tête d'une affaire industrielle importante.

Les vacances passèrent ainsi au milieu des soucis de toute sorte. Les inquiétudes immédiates étaient cependant calmées, lorsque Claude reprit le chemin de Paris, pour entrer à Saint-Sulpice en première année de théologie.

CHAPITRE IV

LE SÉMINAIRE SAINT-SULPICE

(1885-1888)

Après deux années consacrées à l'étude de la philosophie et des sciences naturelles au séminaire d'Issy, les futurs prêtres en passaient alors trois au séminaire parisien de Saint-Sulpice, pour s'initier à la connaissance de la théologie, de l'Écriture sainte, de l'histoire ecclésiastique. La maison située sur la place Saint-Sulpice, tout près de l'église paroissiale du même nom, n'offrait pas l'aspect souriant du séminaire d'Issy; elle n'en avait ni les beaux jardins, ni les aimables charmilles. Le futur théologien éprouvait quelque appréhension à l'entrée dans cette

« maison noire de Saint-Sulpice, d'où l'on n'apercevait le vaste monde qu'à travers les verdures mélancoliques de la rue Bonaparte ».

Ces craintes furent vite dissipées. Il retrouve à l'école de théologie le bienfait d'une vie réglée, d'études attachantes et variées ; surtout il jouit de la société de confrères aimables, joyeux avec mesure, et de leurs conversations pleines d'entrain, de politesse et de charme. Dans les notes de sa première retraite de rentrée, il résume en quelques mots tout son programme : « Ma résolution générale est prise pour cette année ; ce sera l'effort en tout, l'effort dans la prière, l'effort dans l'étude, l'effort dans l'observation de la règle. »

Tout de suite, il se met au travail, « plus considérable qu'à Issy, dit-il, mais aussi plus directement utile ». La réputation des professeurs du séminaire est telle qu'il se promet « beaucoup de plaisir dans ses études ». Si, dans ses lettres du séminaire, il est peu parlé de théologie, c'est que le sujet en est étranger presque toujours à ses correspondants ; mais l'application qu'il y apporte n'est pas attestée seulement par les notes de ses examens semestriels, ou par l'estime qu'il inspire à ses professeurs ; des résumés de cours témoignent qu'il ne se contente pas d'étudier les manuels en usage au séminaire, mais qu'il prête une attention intelligente aux explications et aux commentaires des maîtres. Un professeur de grand renom, M. Hogan, venait d'abandonner son enseignement à Saint-Sulpice, pour se rendre en Amérique. Claude Bouvier se fait prêter ses manuscrits et en extrait ce qu'il juge le plus substantiel. La réputation de M. Vigouroux l'attire au cours d'hébreu, bien qu'il ne dût pas en pousser bien loin l'étude. Les maîtres le désignent pour prendre part aux argumentations publiques; il aimait à rappeler plus tard qu'en attaquant une thèse, il avait par un de ses syllogismes fait venir aux mains — « oh! métaphoriquement » — les professeurs présents à la soutenance.

Sa réputation établie, on lui demande maints petits travaux de circonstance où il excelle. Il s'y prête charitablement, tout en gémissant de gaspiller son temps. Il est sollicité de composer pour les fêtes de catéchisme des paroles de cantate, des dialogues, des souhaits de bienvenue. Ses maîtres eux-mêmes recourent à son obligeance pour la mise au point ou pour la publication de leurs œuvres : il corrige les épreuves d'un des professeurs les plus célèbres de la faculté de théologie de Paris, M. l'abbé Duchesne. Entre temps,

il collabore à une petite revue, dirigée par
M. Pagès, alors bibliothécaire à Saint-Sulpice. Tous ces menus travaux le dispersent
un peu mais lui créent de précieuses amitiés.

Le mouvement intellectuel, si marqué
quelques années plus tard dans le clergé
français, en est encore à ses débuts. Claude
au séminaire assiste d'un peu loin aux premiers essais, mais par ses lectures, il se
tient au courant de l'apologétique mouvante
qui se fait au jour le jour : publications de
livres, discours et polémiques.

A Saint-Sulpice, plus encore qu'à Issy, les
études font l'objet des conversations entre les
jeunes gens, et elles sont complétées, illus-
trées, dans le commerce incessant de confrères de tout pays, de toute culture, de tout
« génie », interprètes sans le savoir des
besoins et des exigences de l'âme contemporaine qu'ils introduisent dans leurs préoccupations d'école.

Avec un esprit de méthode bien rare chez des
étudiants, Claude emmagasinait une quantité
de connaissances, analysant, réfléchissant,
prenant des notes. Plus tard, les lecteurs de
ses opuscules y remarqueront des observations vécues, des aperçus originaux, des
détails inattendus, fondus avec art dans des
compositions confinant au chef-d'œuvre, et

s'étonneront de rencontrer de si rares qualités dans les ouvrages d'un écrivain qui ne s'était point spécialisé, mais qui avait apporté à ses études, dès le séminaire, de l'esprit de suite et de la force d'attention, et qui n'avait cessé d'enrichir son premier fonds par une incroyable variété de lectures.

En cette première année de Saint-Sulpice, l'abbé Claude avait d'autant plus de mérite à s'appliquer de la sorte que ses affaires de famille lui étaient une source continuelle de soucis. Il est vrai que son séjour à Issy lui rendait moins sensible l'éloignement de Vienne; mais il ne pouvait oublier ni le fâcheux état de son père, ni les menaces d'un prochain avenir. Son père gardait la direction, trop lourde pour lui, d'une industrie qui traversait des temps difficiles; le ménage était conduit par sa sœur, bien jeune pour être à la fois la maîtresse de maison et l'infirmière du cher malade; ses deux frères suivaient les classes du collège sans que leur avenir se dessinât encore; une correspondance assidue s'imposait à Claude qui sentait qu'il devait à tous lumière, force et encouragement. C'est dans les lettres de cette époque qu'on voit poindre les qualités qu'il montrera excellemment plus tard dans la direction des âmes et dans le discernement des vocations : la netteté

des vues, la fermeté du conseil, l'entrain
et la bonne humeur assaisonnant les avis
pour les faire accepter. Ce n'est d'ailleurs
que peu à peu que se révèlent ces qualités
maîtresses et, sans doute aussi, qu'elles se
forgent au prix de beaucoup d'efforts et de
sacrifices : « Tout à l'heure, écrit-il, dans une
note intime, je serai, je veux être très gai
en récréation. »

Donnons quelques exemples de cette sagesse si précoce et déjà si proche de la
maturité. Il écrit à sa sœur :

Repose-toi bien ! Soigne bien notre petit père. Rends-
lui pour moi ce que je ne puis lui témoigner de si
loin en tendresse et en affection... Fais bien aimer le
bon Dieu autour de toi comme une petite mère de
famille. En te faisant respecter comme il convient
qu'on respecte une sœur aînée, une maîtresse de maison, prépare-toi à la vie qui t'attendra après le couvent... Dis-moi comment se fait le carême à Vienne ?
Lisez-vous quelque livre pieux ?

Il sait plaisanter avec elle quand il la sent
triste, témoin entre plusieurs autres tout
aussi réjouissantes, la lettre qu'il lui adresse
en la fête de sainte Catherine :

Comme tu es encore vieille fille, c'est aujourd'hui
ta fête ou du moins une de tes fêtes.

Pour le moment donc je te souhaite très sérieusement les vertus de ta patronne. Sainte Catherine était
une excellente fille comme toi. Elle a été martyre, ce

que tu n'es pas, mais ce que tu deviendras inévitablement, si le bon Dieu te laisse encore les trois vilains frères qu'il t'a donnés. C'était une savante aussi : d'aucuns disent qu'elle était pourvue de ses deux brevets. Je l'ignore, mais ce qui est certain, c'est qu'elle s'est donnée de grand cœur à l'étude de la philosophie. Connut-elle à fond les œuvres de Kant? Aurait-elle su répondre à un examen si on l'avait interrogée sur la morale de ce Monsieur-là? Je n'oserais pas l'affirmer. Mais si sa philosophie ne se montait pas jusque-là, sa connaissance de la religion était si vaste, si sûre, qu'elle confondit tous les philosophes d'Alexandrie, assemblés pour lui répondre. Ce qui fait qu'on reconnaît unanimement sainte Catherine pour la patronne des philosophes.

Vieilles filles et philosophes, Dieu vous ait en sa garde, et sainte Catherine vous protège! Vous êtes bien faits pour vous donner la main... Quand on est vieille fille on est un peu philosophe, et quand on est philosophe, hélas! on est un peu vieille fille.

Demande plutôt cela à Henri pour qui les livres du docte M. Vallet n'auront bientôt plus de mystères. Je parierais qu'il n'est plus le même depuis un mois. Il doit vous parler latin en mangeant le soir les fritures d'Elisa. Et la nuit, dans ses rêves, il doit converser avec Platon et Aristote... Oh! l'heureux homme!

Pauvre de moi! comme disait Thérèse[1], oui, pauvre de moi, je n'ai pas le privilège de ces colloques ineffables pendant mon sommeil. J'ai tout juste le temps de dormir à poings fermés.

Car il me vient des envies folles de dormir... même pendant le jour, jusque-là, ma chère sœur, que vous vous scandaliseriez si votre frère l'abbé vous disait que

1. Une ancienne servante.

l'autre soir — en pleine église de Saint-Sulpice, au banc d'œuvre — il fit un somme prolongé, ce pendant que le Père Matignon en personne naturelle lui disait le plus éloquemment du monde les choses les plus édifiantes sur la Dédicace des Églises! L'eussiez-vous cru, ma sœur, et cela peut-il s'imaginer? Dormir au sermon! Eh bien j'en suis là!

Que serait-ce, mon Dieu, si j'avais reçu les bas de laine qui m'ont été promis, annoncés, envoyés, dit-on? La chaleur pénétrante qu'ils m'auraient procurée se serait combinée d'une manière désastreuse avec l'entraînante éloquence du Prédicateur pour me mener aux suites lamentables que j'ai dites.

Ma sœur, j'ai donc bien sommeil. Ce qui est plus triste encore, c'est que j'ai horriblement faim. Cela vient d'une bouteille de vin de quinquina que j'estime beaucoup, car elle me donne un peu d'appétit, lorsque je n'en ai pas. La nature a besoin d'être aidée. Encore faut-il qu'elle ne le soit pas trop. Car j'attends ce matin le dîner avec une impatience qui ne m'est pas ordinaire. Et cela est mal. J'en conviens. La gourmandise est un vilain défaut, ma sœur, mais les théologiens (qui ont leurs raisons pour cela), disent que ce péché, tout vilain qu'il soit, n'est pas souvent mortel.

D'où je conclus, ma sœur, qu'il vous faut bien manger (car vous n'êtes pas très bien portante, que je sache). Et mes quatre pages de lettre n'avaient pas d'autre but que de vous en persuader. Admirez, je vous prie, la rigueur et la logique de mes raisonnements; mettez en pratique les conclusions auxquelles je suis si laborieusement arrivé. Et je vous déclarerai une sœur modèle. Que sainte Catherine, vous protège. Adieu!

Pour moi, je t'embrasse de tout cœur et te recommande d'être bien sage.

Ton Claude.

A son père infirme, mais d'une activité dévorante, il adresse de filiales semonces. Entraîné par le courant des affaires, le malade sait que « son abbé » va le gronder, ce qui ne manque guère :

Ce n'est pas toi qui jamais t'arrêteras en chemin : nous savons, nous, tes enfants, quelle ardeur tu mets à tout ce que tu entreprends, et comment quelquefois tu dépenses ta santé sans t'en apercevoir. C'est pour cela qu'il faut t'adresser à d'autres qu'à toi-même pour juger des limites qu'il faut imposer à tes occupations. Lorsqu'on est bien en train de faire quelque travail on ne s'aperçoit pas facilement qu'on excède la mesure de ses forces. Volontiers même on croirait qu'on peut davantage se dépenser encore : j'en ai fait l'expérience souvent par moi-même, et sous ce rapport nous nous ressemblons plus ou moins.

Voilà pourquoi il faut écouter tes enfants plus que toi-même, lorsqu'il s'agit de ta santé. Il faut les écouter parce qu'ils t'aiment, parce qu'ils connaissent bien mieux que tu ne crois peut-être ton courage et ton énergie. Du reste, ils ne seront pas des juges sévères, et je suis sûr que tu en prendras toujours un peu plus qu'ils ne t'en accorderont!

Ce que le fils prévoyait ne tarda pas à se produire, non pas, il est vrai, sous la forme redoutée d'une congestion, mais sous la forme d'une dépression générale si profonde qu'il fallut sans délai procéder à la liquidation des affaires. Le pauvre malade passait du surmenage intense à l'inaction absolue, avec un besoin de parler de ce qui l'inquiétait, de s'épancher, de soulager son esprit obsédé de retours sur ce qu'il aurait pu ou voulu entreprendre. Avec une tendresse prévoyante et une perspicacité inattendue, le fils intervient par lettres, suivant de près la liquidation, prêchant et imposant l'espoir et la confiance.

Il fait diversion aux idées sombres en demandant à son père, comme un service personnel, de résumer pour lui tels livres de Taine ou de Le Play, en lui indiquant des chapitres de *l'Imitation* et en les méditant avec lui.

Ainsi les épreuves redoublées fournissaient au séminariste l'occasion d'exercer les meilleurs dons que la Providence lui avait départis. Les années suivantes, après le règlement des affaires les plus délicates, devaient s'écouler davantage dans le calme et la sérénité.

Son cœur trouvait une sorte de compensation à ses peines dans les sympathies qu'il inspirait. Toute sa vie, l'amitié lui ménagea les joies auxquelles son âme affectueuse attachait un grand prix. Chacune des années qu'il passe au séminaire lui amène quelque ami dont l'affection lui demeurera fidèle. En cette première année, il se lie avec un séminariste qui a l'intuition de ses souffrances, et qui, les ayant devinées, s'attache à lui, en partie à cause d'elles. M. Hemmer, résidant à Saint-Sulpice, suivait alors les cours de la faculté de théologie à l'Institut catholique de Paris; il avait rencontré Claude dans un groupe de séminaristes, qui consacraient une récréation chaque semaine à s'occuper d'archéologie; il s'affectionne vivement à son jeune et énigmatique confrère, qui paraissait si heureux au séminaire, mais dont le regard, tout à coup, au milieu d'une conversation et d'un sourire, semblait quitter ses interlocuteurs et s'en aller au loin, épier de secrètes angoisses. Se souvenant de ces premières rencontres, M. Hemmer nous écrivait à la nouvelle de la mort inopinée de son ami :

Voilà trente ans que Dieu m'a donné Claude pour ami à Saint-Sulpice. Tout de suite il m'avait pris le cœur par sa nature affectueuse, délicate, d'une sympathie attirante, d'une impressionnabilité si mouvante qu'on le voyait s'ouvrir et se dilater à mesure de l'affection qu'on lui témoignait. Réservé et fier avec cela, il m'avait fallu lentement pénétrer son âme pour l'amener à se raconter tout haut, l'habituer à dire ses peines, ses inquiétudes toujours renaissantes. Pauvre cher Claude, prompt aux idées noires, mais si reconnaissant de ce qu'on l'aidât à s'en délivrer! Un tel charme de bonté et de malice aimable rayonnait de sa personne : esprit qui ne faisait jamais sentir sa pointe par une blessure, intelligence accueillante aux idées, cœur tendre et fort, jugement que les épreuves avaient mûri dès la jeunesse et duquel il faisait bon prendre conseil,

La correspondance commencée entre les amis de Saint-Sulpice dès les vacances ne prendra fin qu'avec la vie de Claude, qui s'attache toujours, au plus fort même de ses occupations, à maintenir très actif l'échange de ses pensées et de ses confidences. Il ne garde plus pour lui les chagrins dont il est affecté :

La vue de mon père, plus changé que je ne croyais, m'a péniblement impressionné. Je me souviendrai longtemps de cette première journée de mes vacances : le soir, en repassant tout ce qui m'avait été dit, j'aurais pu compter nombre de désillusions et de peines, comme j'en ai déjà beaucoup eu dans ma vie. Mais il paraît que la quantité et la qualité ne font rien quand il s'agit de ces choses-là. C'est toujours à recommencer.

S'il prend quelque repos dans une campagne voisine de Vienne, il transcrit pour son ami ses impressions toujours très vives devant les spectacles de la nature :

Du fond de l'immense prairie que j'aperçois devant ma fenêtre m'arrivent de temps en temps des bouffées d'air frais tout enbaumé de parfums champêtres. Et puis, quel délicieux repos pour la vue que cet immense tapis de verdure qui s'étend devant mes yeux à plusieurs kilomètres de distance, entre deux rangées de collines pleines de bois et de champs couverts de belles moissons. Cette prairie est coupée de grandes allées de peupliers qui la rendent un peu moins monotone. Quand il fait beau, j'aperçois dans le fond de la vallée la silhouette vague du Mont Blanc, qui se détache à l'horizon.

Je dis que ce spectacle repose la vue. Bien davantage encore, il repose l'esprit. Quand la pensée de tous les ennuis que je vous ai racontés vient me troubler, je ne connais rien comme cette nature tranquille et paisible pour apaiser le travail de l'imagination. Et puis, il y a mieux que cela encore. Je songe que j'ai loin d'ici quelques amis comme vous, qui prient pour moi. Et cela donnerait du courage aux moins vaillants.

Quelques emprunts à la correspondance de cette période, nous aideront à fixer quelques traits de sa nature morale. Certains fragments de lettres sont plus révélateurs du fond de sa nature et de son besoin d'affection que ne seraient des pages de son journal.

Je peux dire sans difficulté que je n'en ai point avec qui je sois plus libre qu'avec vous pour ces mille petites ou grandes confidences, si nécessaires à la vie commune et quelque peu recluse que nous menons à Saint-Sulpice. Impressions, inquiétudes, joies très vives, et, je puis l'affirmer, souffrances parfois très intenses se succèdent chez moi, avec une rapidité et une vivacité incroyables. Si je ne dépendais que de moi-même, et point du tout de l'extérieur, je serais l'homme le plus calme du monde; il n'est rien que j'aime comme la paix de l'esprit. Mais c'est chose impossible pour tout le monde de ne pas subir un peu le choc des événements et des choses du dehors. C'est une chose plus particulièrement impossible pour votre pauvre ami qui ne s'appartient pas toujours autant qu'il le faudrait.

Parlons un peu de vous maintenant! Voilà trop longtemps que je parle de Monsieur Moi, le mauvais sujet que vous savez. Ce n'est pas par égoïsme, j'espère, mais plutôt par ce besoin que j'ai de conter à tous ceux en qui je trouve un peu d'excellente amitié, les agitations et les troubles du dit Monsieur. Moi, et d'attirer sur sa personne une pluie de bonnes prières. Mais n'est-ce pas là encore de l'égoïsme? Vous déciderez.

Mais dans ses amitiés, il a grand soin de mettre Dieu en tiers, même et surtout quand il parait s'oublier dans un doux échange de pensées et d'impressions.

Il se fait tard, mon bien cher ami, et sans m'en douter, j'ai dépassé depuis longtemps l'heure traditionnelle du coucher de Saint-Sulpice. Voilà bien près d'une heure et demie que ma plume court sur le papier dans le doux laisser-aller d'une causerie intime. Et j'ai peine à vous quitter. Je me dis : En voilà bien pour près de quinze jours.

Nous continuerons la conversation interrompue ce soir par nos prières : cela n'en vaudra que mieux. Le bon Dieu fera le troisième, — toujours comme à Saint-Sulpice.

Je vais réciter mon chapelet à ma fenêtre : j'en dirai une grande partie pour vous. Ah! vous l'avais-je dit? Ma fenêtre donne précisément sur Rodemack. Elle est tournée vers l'Est. Il n'y a que quelques vallées, quelques montagnes, quelques ruisseaux, qui nous séparent. Et nous sommes d'ailleurs assez rapprochés pour que le soir, en regardant le ciel, nous apercevions le même coin du firmament et les mêmes étoiles.

Une autre fois, il est comme saisi de la

double grandeur de l'amitié, et de l'amitié entre prêtres :

Un ami prêtre ! Pensons ensemble à ces deux mots. Qu'ils s'accordent bien, n'est-ce pas ? J'y ai déjà réfléchi souvent, et j'ai découvert dans cette double union, de l'amitié et du sacerdoce en deux âmes chrétiennes, le sujet de bien des consolations et comme une source inépuisable pour une vie d'homme.

Un ami prêtre ! Donnez au mot d'ami tout ce qu'il y a de plus doux, au mot prêtre, tout ce qu'il renferme de sainteté et de grandeur. Et voyez ensuite quel motif de pieuse reconnaissance envers Lui, le bon Dieu va me fournir lorsque vous serez prêtre. Se dire : Tous mes amis ou presque tous mes amis seront prêtres ; c'est un honneur capable de nous confondre, et une joie qui peut faire oublier bien des peines.

L'amitié ébauchée entre Claude Bouvier et l'abbé Hemmer, en cette année de Saint-Sulpice 1885-1886, s'épanche durant les vacances en une correspondance qui nous apporte les échos de leurs conversations du séminaire et nous laisse entrevoir le bien qu'ils se faisaient l'un à l'autre.

Parmi les amis de cette première période de Saint-Sulpice, se trouve aussi M. Félix Klein[1], qu'un voyage de vacances amène à

---

1. L'auteur bien connu de *La vie intense*, de *Mgr Dupont des Loges, évêque de Metz*, etc... Il resta toujours l'ami de Claude. Il a écrit la préface du volume qui réunit plusieurs travaux de l'abbé Bouvier sous le titre de *L'Éducation Sacerdotale*.

Vienne, magnifique occasion pour Claude de lui présenter sa ville et son Rhône : « M. Klein, écrit-il, était dans l'extase ; il ne parlait plus ! Et quand nous lui disions de presser un peu le pas, qu'il y avait encore quelque surprise, il nous regardait de son grand air étonné et paraissait tout triste de quitter ces merveilles. »

II

A la fin de la première année de théologie, Claude avait reçu l'ordination des ordres mineurs. Durant sa retraite préparatoire il avait noté la résolution, suggérée par la considération de l'ordre de Lecteur, de se préparer à la parole publique. C'est peut-être le souvenir de cette résolution qui l'engagera au début de sa deuxième année à déférer aux instances réitérées de M. Sire, lequel l'avait pressé vainement jusqu'alors d'entrer dans les célèbres catéchismes de Saint-Sulpice. M. Sire en était alors le directeur général et y employait environ soixante séminaristes.

Le sermon qu'il venait de préparer pendant les vacances et qu'il dut, selon l'usage, prêcher au réfectoire, témoignait d'une aptitude pour la chaire qu'il y avait intérêt à cultiver.

L'isolement parmi ses confrères lui donnait aussi à réfléchir :

Je me souviens, écrit-il à son ami, que l'an passé, après avoir refusé les catéchismes, je l'ai regretté un peu vers le mois de décembre, quand je me suis senti isolé au milieu de mes confrères, tous plus ou moins catéchistes. Impossible de trouver mes amis et de causer avec eux : conseil par ci, commission par là, dialogue d'un côté, instruction de l'autre, je finissais par les perdre de vue tout à fait, et je pourrais citer tel ou tel avec qui j'aurais presque eu à renouer connaissance. Pour moi qui sens fort bien que je suis timide et sauvage, c'est un inconvénient sérieux.

Ayant remplacé quelque temps un confrère catéchiste, pour lui rendre service, ce premier essai dut chasser ses appréhensions et lui révéler un bien réel à faire et à se faire. Il accepta donc les ouvertures de M. Sire et fut envoyé par lui au catéchisme de persévérance dit « du Sacré-Cœur », destiné aux jeunes filles de douze à seize ans. Il était réputé plus difficile à faire et plus intimidant à cause de la présence des mères accompagnant leurs enfants. Il s'y plut. On lui confia les instructions les plus délicates. Ayant dû faire par exemple, l'instruction sur le mariage, les mères de famille lui déléguèrent la fille d'un de nos plus illustres compositeurs de musique, pour le remercier d'avoir été aussi clair que possible, tout en restant prudent : « Cela m'a beaucoup soulagé », note le craintif catéchiste.

Il éprouve moins d'agrément à corriger les résumés d'instruction religieuse que ses élèves prenaient du reste avec soin et enluminaient avec un goût qui excite son admiration. « Il y en a environ cinquante-sept, confie-t-il à son cousin. Vois-tu, mon cher, si on obligeait les prédicateurs à relire cinquante-sept fois ce qu'ils ont dit : 1° il y en aurait beaucoup moins; 2° il n'y en aurait que de bons. C'est horrible de se relire cinquante-sept fois à la file... N'essaye jamais ! »

Les boutades ne manquent pas dans ses croquis. Un jour il est chargé d'une exhortation, où on lui demande de « prendre la forme personnelle au singulier féminin : *Mon Dieu, je suis confuse! Mon Dieu, je suis ravie!* et de la garder autant que possible tout le temps, en mélangeant les considérations d'exclamations affectueuses. » Son sens de la vérité littéraire se révolte. Il déteste le genre faux.

Car que peut-il y avoir de plus faux, de plus difficile, de plus choquant que d'être obligé de parler au féminin, pour un catéchiste qui a en général la prétention de n'avoir rien de commun avec la plus belle et la plus sotte partie du genre humain. Il y a de quoi faire trépigner : je m'entends d'ici : Mon Dieu, que je suis vaniteuse, que j'aime les robes à queue, et à volants...! Que j'ai de passion pour les bracelets! etc...

Toute cette deuxième année se passe dans un calme qui permet au séminariste de prendre plus d'intérêt à la vie du séminaire. L'un des exercices qui lui agréent davantage, est la conférence quotidienne, décorée du nom de « lecture spirituelle » ; c'est ordinairement une causerie familière qui s'étend sur toute sorte de sujets se rattachant à la vie ecclésiastique et spécialement à la vie intérieure. Claude y prend un plaisir très vif, que le conférencier soit le Supérieur général, le vénérable M. Icard, ou qu'il soit le directeur du séminaire, M. Bieil, chargé du gouvernement intérieur de la maison. Appelé un jour à faire, lui aussi, une lecture spirituelle, au séminaire universitaire de Toulouse, en présence de son ancien maître, M. Gondal[1], il évoquera d'anciens et chers souvenirs.

Après avoir parlé des lectures spirituelles, qu'il ne craint pas d'appeler « des récréations avec Dieu », il poursuit :

Cela me rappelle aussi cet exercice vespéral du grand séminaire, qui nous réunissait, la tâche du jour finie, dans un silence fervent, pour écouter des voix aimées. Pour ma part, je retrouve dès que j'y songe, l'écho de ces entretiens de Saint-Sulpice, où M. Bieil, très lent, très grave, avec une majesté ignorante de nos

1. Professeur très estimé et très aimé, en partie à cause de ses dons oratoires; il devint supérieur du Grand Séminaire de Toulouse où il est mort.

malices, scandait pour nous les points d'une doctrine
substantielle, fortement et longuement contrôlée à
l'aide de l'expérience quotidienne, où M. Icard, dans
sa belle langue du xviie siècle, déjà un peu diffuse
pourtant, nous inculquait la nécessité de l'esprit de
foi : discours qui eût été monotone à force de se
répéter inlassablement, si la piété communicative du
vieux supérieur n'eût communiqué chaque soir à sa
parole comme une jeunesse renouvelée... Je crois bien
que, près de nous, somnolaient quelquefois les directeurs plus anciens, mais je me souviens que, parmi
eux, votre cher supérieur, l'âme attentive et l'œil vif,
retenait son souffle pour ne rien perdre des accents
de cette voix d'autrefois qui allait s'éteindre.

Hélas! plus je m'attarde à ces souvenirs, plus ils me
couvrent de confusion. Ces hommes avaient une pensée
vivante, des observations, une vie religieuse propre
à nous communiquer. C'est à quoi nous, prêtres d'hier
ou de demain, nous devons tous prétendre.

C'est l'impression profonde, éprouvée aux
lectures spirituelles de M. Bieil, qu'il souligne
encore davantage, dans une lettre :

Je vous avoue que j'ai un faible pour M. Bieil. Cela
vient-il de ce qu'il s'est toujours montré bon pour
moi? Peut-être, mais il n'y a pas que l'égoïsme, dans
cette préférence : toutes les paroles qui tombent de sa
bouche sont pesées; je ne me suis jamais retiré d'une
lecture spirituelle sans emporter de ce qu'il nous avait
dit un souvenir sérieux et durable. Cet homme m'em-
poignait. Je lui dois beaucoup de bien, de vraies
lumières, et en nombre d'occasions, où j'ai pu l'approcher, de très utiles conseils. Et puis, c'est un si
saint prêtre, avec tant d'esprit de foi. Allez, comme je

comprends bien maintenant son dédain de certaines formes. Il s'alimente à une source supérieure, où je voudrais aller puiser aussi.

Il dira plus tard dans son journal, à propos de la lecture spirituelle où il avait trouvé tant de profit : « Au séminaire et pendant nos vacances, c'est peut-être de tous les exercices de piété celui qui m'attire davantage. »

La deuxième année de Saint-Sulpice s'acheva dans la préparation d'ailleurs très calme à l'ordination du sous-diaconat. La décision de son directeur de conscience fut catégorique. Il m'a dit : « Mon enfant, je puis vous dire dès maintenant que vous pouvez avancer au sous-diaconat. Non seulement, je vous y autorise, mais je vous y engage ; s'il fallait, je vous presserais. Puis il m'a embrassé et béni. » Toute sa vie antérieure trouvait au sous-diaconat son point naturel d'aboutissement. Où d'autres peuvent éprouver de l'hésitation, et même de l'anxiété, il ne ressentait que de la joie simple, entourée d'un calme qui, se prolongeant pendant la retraite, finit par l'inquiéter :

Mon Dieu, je ne tiens pas à éprouver d'émotions sensibles pendant ces jours... Il me serait peut-être plus doux de sentir davantage que je vais à vous, et que je m'approche ineffablement de mon Seigneur et Maître. Mais je fais bien volontiers le sacrifice de sentir mon impuissance et de rester froid comme marbre.

De cette disposition d'âme, il garda un souvenir persistant. Un an après, il note encore :

Je retiens cette parole de M. Hubert : « Moi, dit-il, ça ne m'a pas ému. Je suis allé au sous-diaconat, comme je vais en classe, lorsque l'heure sonne. » Je pourrais dire un peu comme cela, quoique je ne sois pas un saint. Proportion gardée, le sous-diaconat ne m'a pas ému autant que les ordres mineurs. Ç'a été la plus calme de mes ordinations, celle à laquelle je suis allé avec le plus de simplicité.

La piété envers la Sainte Vierge se traduit pendant la retraite préparatoire en quelques mots venus du cœur : « Je veux ce que vous voudrez, nullement ce que je désire, à moins que mes désirs ne vous soient agréables. »

L'ordination eut lieu dans l'église Saint-Sulpice le 4 juin 1887. Dès son réveil ce jour-là, des paroles de nos Saints Livres lui viennent en foule sur les lèvres, ainsi qu'il le note en son cahier, où il ajoute :

C'est une joyeuse ordination et je remercie le bon Dieu de m'avoir épargné les impressions trop vives qui laissent peu de traces... Pendant la prostration, j'ai pensé à bien des choses. Je retiens ce mot dit ce soir par un sous-diacre : « Mon Dieu, acceptez ce que je vous donne, et ce que je ne vous donne pas, prenez-le. »

Ce dernier mot l'avait beaucoup frappé ; il le citera dans ses lettres et le rappellera dans ses notes intimes. Une parole d'autrui ainsi redite est un écho de ses propres voix intérieures.

Plusieurs circonstances ajoutèrent encore à la joie profonde de ce beau jour. Son père délivré de ses affaires et retrouvant un peu de santé avait pu venir avec sa sœur. Le petit cahier note d'un mot leur arrivée : « Quelle joie de les sentir à mes côtés ! »

Le même jour, dans la même ordination son ami, celui à qui il écrivait : « Avoir un ami prêtre ! » recevait le sacerdoce. Pendant la retraite, leur intimité se resserre encore. Ils la scellent par une convention précise de prières mutuelles que la mort de l'un d'eux ne doit pas interrompre. Avec quelle émotion, Claude, à l'autel de la Sainte Vierge, dans la chapelle des Carmes, sert à son ami la première messe dont ils se partagent les fruits en frères.

Ayant reçu pendant les vacances suivantes la visite de son ami à Vienne, Claude lui écrit, après son départ, en prévision de toutes les séparations futures :

Faisons, si tu le veux, dès ces vacances, cet apprentissage, ce noviciat de la séparation, faisons-le dans la récitation du saint bréviaire, à la sainte communion ; faisons-le aussi dans notre correspondance que nous tâcherons de rendre plus que jamais sérieuse et utile

par un échange plus intime de nos pensées et de nos
sentiments. De la sorte, quand, dans douze mois,
l'heure de la séparation aura sonné, nous serons prêts.
Il n'y aura même pas à vrai dire de séparation. Nous
serons si unis que les distances nous seront peu de
chose, car nous aurons appris le moyen de les franchir ou de les diminuer.

Durant les vacances, Claude ressentait
d'année en année une joie plus grande à se
retrouver auprès de ses frères qui ne sont
plus des enfants et que l'harmonie des pensées
et des sentiments plaçait si naturellement sous
son influence :

Jamais je n'avais joui comme cette année, écrivait-
il dès 1886, de la compagnie de mes frères. Les voilà
grands; on peut causer avec eux de beaucoup de
choses sérieuses et c'est chose bien douce et bien
consolante pour moi que de sentir les charmes de
cette union qui règne entre nous.

La vocation de son frère Henri qui achevait ses études à Vienne et devait entrer au
séminaire quand lui-même quitterait Saint-
Sulpice, l'avait comblé de joie. De loin, il le
prépare à ses études ecclésiastiques, lui
indique les livres à lire, il lui envoie des
sujets de dissertation, qu'il corrige avec grand
soin, et l'exhorte à mener déjà une vie ecclésiastique. Mais voici qu'en 1887, une autre
bonne nouvelle réjouit son cœur. Il écrit :

Hier matin, mon père a demandé à mon plus jeune frère ce qu'il voulait faire. Mon frère a répondu : « Je désire être missionnaire. C'est bien décidé. Il y a longtemps que j'y pense... ». Nous serions donc trois frères prêtres. Je n'ose y croire. Et pourtant, aide-moi à remercier Dieu de cette faveur qu'il fait à notre famille et à moi-même. Je m'y attendais, mais maintenant que mon frère est plus grand (il a quinze ans et demi), la parole qu'il a dite n'est plus celle d'un enfant, et il faut y croire. Je t'assure que cette bonne nouvelle m'a réjoui tout hier et ce matin [1]. »

L'avenir modifia la résolution de son frère Frédéric, mais seulement quant à la forme. Il entra en effet dans la Compagnie de Jésus, qui l'employa à l'enseignement et aux hautes études [2].

III

La joie de plus en plus profonde que prend Claude à la vie du séminaire se marque au début de la troisième année par l'inquiétude qu'il ressent de trop s'y complaire. Aussi ne veut-il pas que la retraite de rentrée soit une retraite d'impressions, et il consulte son directeur de conscience sur ce point : « Dois-

1. Lettre à l'abbé Hemmer.
2. Frédéric Bouvier, né en 1871, tué au champ de bataille de Vermandovillers le 17 septembre 1916. Sa Vie, par Henri Bouvier, a paru en 1924. Editions *Spes*, 17, rue Soufflot.

je user et dans quelle mesure des consolations naturelles que je trouve ici? Comment les surnaturaliser, et, si je ne puis, pourquoi ne pas y renoncer? »

Le contentement intime, qu'il note si souvent comme l'impression dominante de sa vie à cette époque, devait le conduire à examiner s'il n'était pas l'indice d'une vocation particulière d'une invitation à entrer dans la Compagnie de Saint-Sulpice.

Deux voies s'ouvrent devant lui : la plus ancienne où l'attirent de chers souvenirs, son dévouement pour les siens, son affection pour l'école, où il est désiré, attendu, pour l'œuvre de l'enseignement libre; la plus récente, ne datant que de la deuxième année d'Issy. Pourquoi ne rendrait-il pas à d'autres le bien qui lui est fait dans cette maison? A mesure que le temps s'écoule, le problème s'impose à la discussion.

Dès le mois d'octobre, il précise sa position intérieure dans une lettre à son confident habituel, en rappelant des conversations antérieures à ce sujet :

Je n'ai pas eu le temps de songer à ma vocation depuis ton départ. Mais l'impression qui reste toujours, c'est que, si j'étais libre, dès l'an prochain, j'entrerais dans la voie que je t'ai dite. J'entrerais avec des attraits très vifs, mais vagues, peu définis. J'y serais accompagné de certaines répugnances, que le temps dissiperait, j'espère, comme il a dissipé tant d'autres choses en moi.

Des notes intimes et des lettres étendues contiennent tous les éléments de l'élection à laquelle il procède avec une sagesse et un esprit de foi tout à fait convenables à une si grande affaire. La discussion de ses attraits divers et un peu contradictoires, celle de ses goûts et de ses aptitudes, chemine à travers beaucoup de méandres et lui permet d'envisager tous les aspects de la question qui se pose devant sa conscience.

Un fait cependant dominait de haut toute l'affaire de sa vocation : il avait à Vienne des devoirs précis à remplir qu'il ne songeait point à éluder, où tous ses conseillers devaient reconnaître une indication supérieure de la volonté de Dieu. Le P. Henri Desqueyrous, en qui il conservait la plus filiale confiance, lui écrit d'une façon péremptoire : « Nous causerons aux vacances de la vie bénédictine. Pour le moment, tenez-vous en paix : la volonté de Dieu sur vous actuellement n'est pas douteuse; c'est à Vienne qu'il vous veut. » Son ami lui avait écrit : « Tu peux toujours conserver l'arrière-pensée d'entrer à Saint-Sulpice, plus tard, quand tu seras libre. »

Le mot décisif fut prononcé par son directeur de conscience, en toute indépendance, et avec l'abnégation d'un homme de Dieu. Claude avait toujours goûté la direction pratiquée selon l'esprit de Saint-Sulpice. Il y trouvait lumière et consolation, peut-être parce qu'il y apportait un grand esprit de foi, une simplicité charmante, un abandon filial. M. Roby, qui lui avait été assigné comme directeur à Saint-Sulpice, reconnut sans tarder la valeur du séminariste qu'on lui confiait, et lui témoigna, comme M. Vallet à Issy, une charitable sollicitude, et beaucoup d'affection.

Le grand débat de la vocation ainsi tranché, Claude ne songea plus qu'à mettre à profit les précieuses semaines, les quatre mois qui lui restaient encore avant de recommencer la bonne vie de province.

Je dois tant à Saint-Sulpice, écrit-il à son cousin, que le jour où il faudra le quitter sera un des jours les plus pénibles de ma vie. Je le sens dès à présent. Je ne suis pas sorti, je ne sortirai pas de toute l'année, tant ces dernières heures que je passe ici me sont précieuses, tant j'ai peur d'en perdre la moindre parcelle. Quand les vacances viendront, je me hâterai de retourner à Vienne pour ne pas faire durer la séparation, ce serait trop pénible. On dit quelquefois qu'on regrette le séminaire après qu'on y a passé. C'est peut-être vrai pour beaucoup. Pour moi, je le regrette d'avance.

La pensée d'utiliser pleinement les dernières heures passées à Saint-Sulpice a sans doute inspiré la rédaction du journal intime que Claude se met à tenir assez régulièrement dans les derniers mois de son séjour, et auquel nous avons fait déjà bien des emprunts. C'est un recueil très précieux, où l'auteur se livre avec sa richesse de pensées, sa délicatesse de sentiments, sa hauteur d'âme. C'est lui tout entier qui écrit sans aucune affectation, de premier jet, au courant d'une plume qui ne se reprend jamais.

Beaucoup de morceaux de son journal reviennent sur quelques-uns des sujets abordés en conversation avec des amis :

Nous avons parlé de la manière de diriger. J'ai soutenu qu'un bon directeur devait être un dominateur. En enlevant au mot ce qu'il a de paradoxal, la chose est très vraie. Que j'ai éprouvé de fois dans ma vie ce besoin d'être dominé, que la domination soit pour moi le fait d'un directeur ou d'un ami prudent. Il s'agit dans tout ceci, bien entendu, d'une domination intelligente, basée sur les aptitudes et les inclinations bonnes ou même mauvaises du sujet. Quand dominer veut dire dompter, forcer, éteindre, passer au moule, il ne veut plus dire diriger.

Il me semble que si j'avais rencontré plus tôt, surtout pendant mon enfance, à quatorze ou quinze ans, cet homme éclairé et fort, j'aurais trouvé plus facilement la bonne voie. J'aurais évité bien des fautes ; je ne serais pas entré si tard et avec tant de difficultés et d'obscurité dans la voie sûre et définitive où il me semble que je suis maintenant. J'aurais obéi, je crois, mais qui songeait alors à me commander ?

Des analyses psychologiques l'amènent à des retours sur lui-même pour chercher quelques points faibles et les guérir :

Pourquoi la douleur aime-t-elle tant à se communiquer? Pourquoi l'homme recherche-t-il des sujets tristes ? Cela tient aux raisons que j'écrivais hier, en particulier, à celle-ci : la douleur vraie ou fausse est un peu égoïste.

L'égoïsme, il est donc vrai, peut gâter les plus saintes douleurs : non pas certes, qu'on doive toujours les garder pour soi, les boire en silence; il est toujours permis à un chrétien d'aller les verser dans le Cœur de Jésus, présent au saint Tabernacle et dans l'Eucharistie.

Il est même utile, il est salutaire à nous-mêmes et aux autres d'en faire le récit à certaines heures à nos amis de la terre. Encore faut-il que cet épanchement soit rare et contenu : l'égoïsme pourrait s'y mêler à notre insu. A cet égard, on ne doit pas obéir à toutes les inspirations, à tous les mouvements de son âme. De ce qu'on nous fait bon accueil, il ne faut pas conclure que nous ne deviendrons pas importuns. Les malheureux se répètent volontiers : leur attention sans cesse attachée aux mêmes objets ne s'en détourne que par surprise; ils ne se doutent pas que leur douleur qui se renouvelle pour eux à chaque instant, par sa propre durée, ne se renouvelle pas pour ceux qui écoutent : ils deviennent monotones; bientôt peut-être, ils seront ennuyeux, à charge.

Voilà ce que je serais facilement, si je n'y prenais garde. Au séminaire, quand le hasard d'une récréation me place à côté d'un confrère que je connais peu, j'ai bien vite fait de rêver, de m'en aller ailleurs par l'imagination : les préoccupations qui m'absorbent

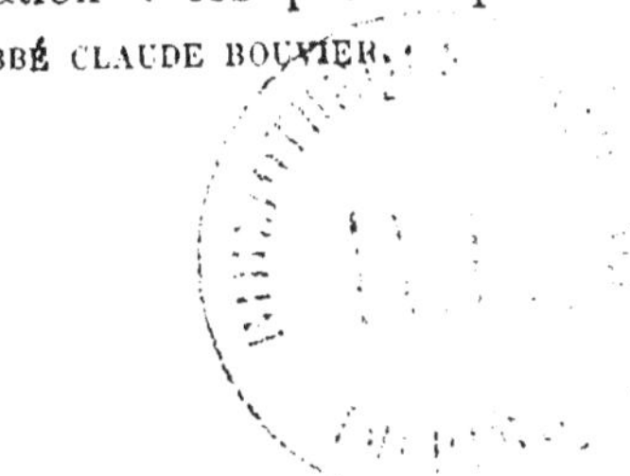

reviennent m'arracher à la conversation courante : quelques monosyllabes hypocrites, quelques sourires de volonté, parfois même une hilarité nerveuse suffisent à peine à dissimuler à mes voisins que je suis loin d'eux, que leurs propos ne me retiennent pas, que leur joie est sans écho dans mon âme. Voilà qui n'est pas charitable, je me le dis souvent. Ce sera bien pis plus tard, si je ne me corrige pas. Il y a donc effort à faire de ce côté-là, si je veux que mes souffrances soient chrétiennes, si je ne veux plus rien donner à l'égoïsme.

L'autre effort à faire est de laisser moins facilement voir mes peines à mes amis les plus intimes, en temps ordinaire. De ce côté-là, agir avec le plus de simplicité possible, craignant l'excès d'abandon et l'excès non moins dangereux de réserve et de concentration.

Le journal de Claude est pour une large part celui de ses amitiés. Les derniers mois de son séjour au séminaire en virent éclore plusieurs qui lui furent précieuses, quoique le temps d'en jouir et de les mûrir eût été trop mesuré.

M. Bouyssonie[1] du diocèse de Tulle, collaborait avec M. Pagès, son directeur, à la publication de la collection : « Les bons livres à bon marché ». Averti des points d'exclamation dont Claude avait illustré les marges d'une préface à un volume de Bossuet, il voulut con-

1. Professeur de philosophie à l'École Bossuet (La Cabane, Corrèze), il s'est fait connaître par ses découvertes paléontologiques et par un ouvrage d'apologétique : *Bataille d'idées.*

naitre son critique. Ce fut l'origine de leur amitié. Claude fut gagné d'emblée par l'horreur native des banalités que témoignait son confrère, par son goût des études sérieuses.

Et puis, quand j'avais erré, lui écrit-il, vous m'aviez crânement repris et ramené au droit chemin. Savez-vous, frère Amédée, qu'il n'en fallait pas tant pour vous faire aimer de moi? Ce jour-là, sans vous en douter peut-être, vous pouviez compter un ami de plus. Si j'avais osé! Si vous aviez osé! Si nous avions osé!

Les grands congés sont venus trop tard, et vos rhumatismes trop tôt. C'est fini maintenant. Mes regrets n'en sont que plus vifs. Profitons des moyens que le bon Dieu nous laisse encore pour nous faire l'un à l'autre un peu de bien. Prions beaucoup et surtout écrivons-nous souvent. Est-ce un rêve, une illusion? J'ai besoin de me dire, frère Amédée, que notre amitié se poursuivra ainsi doucement sous le regard de Dieu et dans sa dépendance, à travers toute notre vie. Il faudra pour qu'il en soit ainsi mettre beaucoup de liberté et d'abandon et d'intimité dans notre correspondance. Questions et réponses devront se faire en toute simplicité.

Il faut finir. Adieu, merci pour votre bonne amitié et pour celles qui me sont venues par votre entremise.

M. Bouyssonie, pris de rhumatismes, dut quitter le séminaire dès le mois de mai; mais en partant il léguait à Claude ses propres amis, une « paire de Georges ».

Ce sont deux prêtres bien connus; l'un est

M. Ardant, vicaire général du diocèse de Limoges, chargé de la direction de l'enseignement libre, et que sa conduite comme aumônier volontaire a fait décorer pendant la guerre de la Légion d'honneur; l'autre, Mgr Audollent, longtemps directeur de l'enseignement libre et vicaire général de Paris, et aujourd'hui évêque de Blois. Nous lisons dans le journal intime cette note :

J'ai fait tout à l'heure la connaissance de M. Ardant. Quand je dis connaissance, il faut s'entendre; il y a longtemps que je le connais comme un excellent séminariste et un très aimable confrère. Aujourd'hui, je suis allé un peu plus loin : ce soir réunion en petit comité avec M. Audollent, un autre de ses amis. Il était entendu, paraît-il, que nous devions devenir tous trois de bons amis. C'est bien un peu tard, je me le dis souvent avec regret, mais il suffit quelquefois de très peu de temps pour commencer cette douce fraternité en Notre-Seigneur qui sera la nôtre, si Dieu le veut.

Il est déjà réglé que nous nous dirons bien franchement tous nos défauts. Mon Dieu, pourquoi ai-je connu si tard le charme de telles relations? Peut-être y aurais-je pris une joie trop naturelle? Je ne sais; mais puisque ce danger n'est plus à craindre, faites du moins que j'emporte en mon Dauphiné ces amitiés de date récente comme un soutien et comme une sauvegarde contre moi-même, contre mes découragements, mes obscurités, mes faiblesses.

Les amitiés nouvelles ne faisaient pas tort

aux anciennes. Voici en quels termes le journal de Claude rapporte la dernière entrevue qu'il eut en cette fin d'année scolaire avec son ami Hemmer obligé de quitter Paris dès le mois de mai.

Mardi 22 mai.

Je suis en retraite depuis deux jours. Je ne voulais rien écrire dans ce cahier; je garde encore cette résolution et je ne veux consigner ici que le départ de mon cher H. Hemmer. Nous nous sommes dit longuement adieu, hier soir, pendant la récréation. Ce matin, il est revenu quelques minutes, à ma porte. Nous avons pu causer quelques instants. Puis la cloche a sonné. Je n'ai rien ajouté, ni lui non plus, mais je me suis mis à genoux; il m'a donné sa bénédiction, nous nous sommes embrassés et il s'est retiré en silence...

Première séparation. Elle s'est faite avec grand calme. Dieu veuille qu'il en soit ainsi de toutes les autres dans un mois.

A vrai dire, ce qui m'a donné du courage, c'est que, dans l'intimité d'esprit et de cœur où nous sommes maintenant, il n'y a plus de séparation possible entre nous. La présence de l'âme nous suffira, j'espère; il n'est rien du reste, que je ne compte faire pour l'entretenir, pour la perpétuer dans ma vie. De longues et ferventes prières, un souvenir au bréviaire, à la Sainte Messe, quand je pourrai la dire, voilà la part directe de Dieu dans notre amitié.

Quant à la part qu'il faut absolument faire à l'homme pour que cette amitié subsiste humainement et ne subisse pas l'action du temps et des distances, voilà en quoi elle consistera : un échange continuel de pensées et de sentiments, par le moyen d'une correspondance, aussi active que possible : de temps en temps aussi, j'espère que nous pourrons nous revoir et causer longuement, intimement de toutes les choses que les lettres ne suffisent pas à contenir, et ce sera tout ! O mon Dieu, c'est bien imparfait, c'est bien incomplet, c'est peu de chose, je le sens ; mais si vous voulez qu'il en soit ainsi ici-bas de nos amitiés les plus douces et les meilleures, n'est-ce pas pour nous donner au ciel d'ineffables consolations ?

Et c'est ainsi que la pensée du ciel nous est présentée à chaque instant : il n'est rien qui ne puisse nous la rappeler. Elle devait être le terme de cette longue amitié, commencée il y a deux ans, et que Dieu a bénie, je crois, puisque l'un et l'autre nous n'en avons retiré que du bien. Je dis le terme ! Ce n'est pas le mot que je voulais mettre. Encore une fois, la communauté d'idées et de sentiments qui a été la nôtre n'est pas de celles qui peuvent cesser. Elle subsistera au contraire à travers bien des épreuves qui nous attendent tous deux. Elle subsistera plus forte, plus étroite que jamais. Dieu seul sait cela actuellement. Mais je lui demande du fond de l'âme qu'il en soit ainsi. Dieu me répondait hier par cette parole d'une beauté étrange que je lisais dans l'Ecclésiastique : « *Vinum bonum, amicus bonus ; veterascet, et cum suavitate bibes illud.* »

Je m'arrête ; si j'ai le temps, je chercherai, après la retraite, dans ma mémoire, et je crois que je n'aurai pas de peine à y recueillir des souvenirs encore très présents qui se rattachent à cette amitié. Mais, voilà encore des choses que le cœur sait assez, sans qu'il soit utile de les écrire.

L'ordination du diaconat devait couronner le séjour de Claude à Saint-Sulpice. Les pensées graves et profondes qui l'ont animé durant sa dernière année de théologie et dont l'expression se trouve aussi bien dans son journal que dans sa correspondance, l'ont préparé à recevoir cet ordre majeur, avec une ferveur, une abondance de lumières, un sentiment des énergies spirituelles produites par l'Esprit de Dieu, qui lui permettent d'écrire :

Il me semble que le diaconat sera la meilleure de toutes les ordinations que j'aurai reçues à Saint-Sulpice, un peu à tous les points de vue.

Le soir de l'ordination (27 mai 1888), il parle de sa joie, d'émotions vives et profondes :

J'ai un très vif désir, ajouta-t-il, d'exercer ma force de diacre... Faire un exercice fréquent de la force, afin de ne pas laisser les facultés nouvelles mises en moi par l'Esprit Saint se rouiller.

Cet exercice, il le trouvera dans l'observation très minutieuse du règlement pendant les derniers jours, « afin, dit-il, de réparer tous les oublis et toutes les infractions de cinq années ».

Il le trouvera aussi dans un ministère qui s'impose de plus en plus au nouveau diacre, celui de la consolation.

Les diacres sont des consolateurs, comme toutes les

âmes brûlant de charité pour Dieu et pour le prochain. L'histoire le montre; l'Écriture Sainte l'atteste. Or, il se trouve qu'en ce moment j'ai à répandre beaucoup de consolations autour de moi. Que je le fasse avec l'esprit nouveau de diaconat! Que le Saint-Esprit mette dans mes paroles, dans mes actes, dans mes exemples, ce que je n'y saurais mettre de moi-même : de la vraie et forte compassion, de l'efficacité, de la douceur !

L'année s'achève bientôt, sans péripétie notable. Le 23 juin, quelques mots terminent le journal. Il vient de causer avec ses nouveaux amis, « vieilles connaissances d'il y a trois semaines », dit-il. Puis ces quelques lignes :

Les correspondances révèlent bien les âmes; mais je commence à croire qu'elles ne valent pas de bonnes conversations. Pauvres amitiés des hommes ! Comment voudrions-nous les entretenir à travers la vie, si Dieu lui-même n'intervient pas pour les affermir, les justifier, les agrandir !

Les soucis, les devoirs du lendemain font, dans les derniers jours du séminaire, diversion aux regrets. M. Brunet, le supérieur de l'école Saint-Maurice, lui propose d'entrer dans la chère maison de Vienne comme professeur de Seconde. Il n'a aucune raison de refuser et bien des motifs d'accepter cette proposition approuvée par son évêque.

C'est ce que j'ai fait, après avoir consulté mes directeurs, écrit-il à son père. Hier matin, je suis allé à Notre-Dame des Victoires, et j'ai recommandé à Marie

mes futurs élèves, que je ne connais pas encore. Je
demande à Notre-Seigneur d'être utile et je ne
demande pas autre chose. J'entends être entre les
mains de mes supérieurs l'instrument de sa volonté.
Ils feront de moi tout ce qu'ils voudront, plus qu'ils
ne le croient peut-être.

M. le Supérieur m'annonce qu'il me mettra probablement en seconde. Peu importe. Laisse-leur bien
entendre que s'ils ont besoin de moi ailleurs, fût-ce en
septième ou en huitième, je suis à leur disposition, je
n'ai que l'envie de me laisser guider. Je suis très indifférent à tout le reste.

Il demande aux siens de le « gâter un peu
les premiers jours » pour atténuer sa peine
de quitter Saint-Sulpice : « Pourquoi faut-il
que les bonheurs soient toujours, dit-il, mélangés? Pourquoi Saint-Sulpice n'est-il pas à
Vienne? »

L'idée sourit à son imagination et à son
cœur. Il n'y aurait qu'à faire de Vienne et de
son école un nouveau Saint-Sulpice. Et il
écrit à un de ses futurs collègues, ami déjà
très cher :

Nous reformerions à nous deux, entre nous deux,
un nouveau Saint-Sulpice. Vous verrez comme cela
est charmant. L'amour filial presque enfantin de la
Sainte Vierge qu'on nous apprend ici, nous tâcherions
de le faire grandir en nous, puis nous l'enseignerions
à nos élèves, avec le latin et le grec, mieux que le
latin... et surtout le grec!

CHAPITRE V

RETOUR A VIENNE
ET ORDINATION SACERDOTALE.
1888

Sommaire : Mélancolie du retour à Vienne. Excursion à la Grande Chartreuse. L'ordination sacerdotale dans l'église Saint-Maurice.

Le retour à Vienne de Claude Bouvier parmi les siens se nuançait de mélancolie. Trop de souvenirs, trop de regrets orientaient vers Paris et Saint-Sulpice son esprit et son cœur, pour qu'il ne souffrît pas d'un déchirement intérieur : « Il y a bien des heures dans la journée que je passe à Paris près de toi, écrit-il à son confident habituel, près des amis que j'ai laissés ; ce ne sont pas les moins fructueuses, si ce sont quelquefois les plus pénibles. » Mais le mérite de la résignation, il l'applique par avance aux âmes qui lui seront confiées un jour, et qu'il aime sans qu'il les connaisse. Nous retrouverons dans la suite de ses impressions, si vives mais si mobiles, ce mélange continuel d'âpre désolation et de généreux élan, jusqu'à ce que la certitude du bien fait aux âmes ait définitivement pris le dessus sur toutes les autres considérations.

D'ailleurs, dans le commencement, bien des diversions agissaient sur son âme pour la détendre sinon pour la pacifier tout à fait.

L'intimité de la vie de famille, pleine de charme pour son cœur aimant, mettait un baume sur la plaie intérieure qu'il n'osait découvrir aux siens.

Je t'écris tout cela dans un coin bien sombre du salon, près de la bibliothèque, assez mal montée du reste, que je me suis formée en joignant mes livres à ceux de mon père. Ma sœur coud à mes côtés ; de temps en temps, je m'interromps et nous causons, moi, renversé dans un fauteuil, elle, près du piano, où elle joue un petit air. Tout à l'heure, elle m'a annoncé une bonne nouvelle. T'avais-je dit qu'une domestique avait égaré les lettres qui me restaient de ma pauvre mère. Elle a gardé les lettres qui lui étaient adressées. Elle a retrouvé un petit journal où ma mère a écrit ses réflexions pendant quelques mois de maladie et d'isolement. C'est un trésor inespéré dont je vais prendre connaissance dès ce soir... Mon père arrive et s'installe dans un fauteuil. Nous sommes en famille. Je parle de toi. Tout le monde t'attend.

Et puis on l'invite beaucoup, à titre d'ex-parisien : « Il n'arrive en cette contrée aucun citoyen de la capitale qu'on ne se croie aussitôt obligé de m'appeler. Pensez donc! j'ai passé cinq ans à Paris. On s'imagine que je soutiendrai mieux la conversation... C'est une erreur. Le plus souvent je suis forcé de m'en tenir à l'obélisque... »

Des amis viennent le voir au mois d'août : les membres de la petite « communauté » partent avec lui pour la Grande Chartreuse et tous ensemble entreprennent gaiement de nuit l'ascension du Grand Som. Ce sont les détails joyeux du voyage que contient de préférence la relation écrite en vieux style que consacre la Communauté au « Véage ès contrées de Lymosin, Arvernie, Forez, Dauphinois et Lyonnais, entrepris et accomply par gays cumpaings (ce est clercs de Sainte Eglise) l'an de notre Rédemption 1888, envyron l'assumpcion de Notre Dame ». Mais ses impressions personnelles à la Grande Chartreuse, Claude les livre à son ami que l'approche de la Saint Hippolyte (13 août), rappelle à sa mémoire :

J'aime mieux que mes souhaits de fête t'arrivent de cette aimable solitude. Là on prie mieux, on a plus de foi, plus de confiance, plus d'amour. Je l'ai éprouvé souvent. Je me promets cette fois une joie que je n'ai pas eue dans mes précédentes visites. Je verrai un chartreux dans sa cellule, un chartreux que j'ai connu, un chartreux qui passe dès maintenant, je le sais, pour un des plus saints religieux du monastère. La conversation doit être bien édifiante. Je t'enverrai pour ta

fête quelques-unes des fleurs spirituelles qu'on cueille
parmi les bonnes paroles que les hommes de Dieu
savent dire et que je retiendrai pour toi. Et si je peux,
je joindrai à ce premier bouquet, quelques fleurs et
quelques jolies fleurettes de nos montagnes, poussées
sur des rochers incultes, avec le grand air du bon Dieu
pour seul jardinier... Le grand air! Si tu savais comme
ce mot-là est vrai, est bon à la Grande Chartreuse ; on
le respire, à pleins poumons. L'âme, à mesure que le
corps se rajeunit, se sent plus jeune et plus vivante.
Il semble qu'on fasse le bien comme on gravit les
rudes sentiers de la montagne, sans peine, sans
fatigue, sans lassitude...

Puis plus loin, toujours dans la même lettre :

J'ai trouvé les fleurs, non sans peine ; pauvres petites, je te les envoie, comme je les ai trouvées, humble-
ment cachées, à deux mille mètres de hauteur, dans
quelque anfractuosité du rocher. Elles avaient poussé
là pour toi. Je les ai cueillies : c'est là tout leur
mérite. Et les fleurs spirituelles, je les ai trouvées dans
la cellule de l'aimable et pieux Dom Bruno; nous étions
sa première visite de l'année, comme il disait.

Nous avons tout visité, la cellule avec son petit ora-
toire, l'atelier de travail, tout semblable à celui de
Nazareth, l'allée du chapelet, devant la porte d'entrée,
et le jardin, surtout le jardin, car Dom Bruno soigne
toutes les fleurettes chétives de la communauté. C'est
un grand médecin. Il les guérit toutes.

Et puis que de belles paroles il nous a dites! Mais
c'était si simple, si peu recherché, que ces paroles, qui
me donnaient envie de pleurer quand je les entendais,
je saurais à peine les redire. J'ai constaté une fois de
plus, que la vie plus parfaite ne doit pas modifier et

ne modifie pas l'homme antérieur. Dom Bruno est le même que j'ai connu à Issy. Il n'a rien oublié. Il vit de souvenirs dans sa cellule où quelques petites images, tout ce qu'on lui a permis de garder, lui rappellent constamment Saint-Sulpice. Dire qu'il y a ainsi de bonnes âmes, par le monde, qui prient pour nous et qui nous aiment.

Les curiosités du voyage, les souvenirs des excursions, les conversations des pieux et « gays cumpaings », redonnent de l'élan à leur correspondance. Claude craint de recevoir de la communauté plus qu'il ne lui donne, mais il s'attire cette réplique : « Si vous êtes assez fier pour ne vouloir rien nous devoir, dans cette aventure où vous prétendez avoir tout reçu, et si peu donné, il vous faudra payer en bons écus, sonnants et trébuchants, c'est à savoir benoites oraisons et dévotieuses patenôtres, bienveillance, affection et amitié, conseils et avis, le tout témoigné par lettres abondantes et point chiches de paroles. »

Tout dans les amitiés de Claude, à cette époque, respire une juvénile affection, mais si surnaturelle, si réconfortante, que bien loin de détourner des hautes pensées du sacerdoce, qui approche, elles l'y ramènent et l'y préparent.

L'évêque de Grenoble comptait deux enfants de Vienne parmi les quatre ordinands qui attendaient le sacerdoce, et avait décidé de conférer les saints ordres dans l'ancienne cathédrale de Saint-Maurice. La cérémonie avait été fixée au 21 octobre. L'annonce de l'ordination comblait le vœu de Claude qui avait craint que sa jeunesse (vingt-trois ans seulement), ne la fît différer, et qu'il dût, pendant la première année du professorat, se voir au milieu de ses élèves comme un maître et non comme un ami et comme un père. « Allez, concluait-il dans une lettre, je suis bien heureux ce soir et je veux vous quitter sous cette impression, car il y a longtemps que je n'ai pas fini aussi joyeusement, aussi paisiblement une journée. »

Ma première impression, dit-il un autre jour, en face de la grande nouvelle a été une impression de joie très vive, trop vive même, car je ne réfléchissais pas, je m'abandonnais à mon bonheur, comme un enfant, et il ne faut pas être un enfant quand on va au sacerdoce. Maintenant la joie n'a pas disparu, mais je crains davantage d'une crainte salutaire qui me porte à un peu plus de zèle pour ma perfection et l'amendement de mes défauts. Accompagnez-moi de vos prières au pied des autels pour que j'y trouve, comme vous, un jour, la joie de ma jeunesse.

Les commencements de l'année scolaire apportaient une entrave au recueillement de la préparation. Il raconte avec humour, dans la note malicieuse teinte de gaîté et de mélancolie qui lui était propre, ses modestes débuts :

Pour les nouvelles, voici. Avant-hier, lundi soir, rentrée des internes. Le soir même, j'ai eu surveillance du dortoir.

Mardi matin, messe du Saint-Esprit. Première classe : je suis monté dans cette chaire que j'inaugurais, il y a deux mois, devant vous ; j'avais onze élèves devant moi. Discours programme très court, mais bien senti. « Mes chers amis, je vais vous dicter l'horaire de vos classes. Écrivez ! » Et là-dessus, dictée de l'horaire. Je n'ai pas exposé de principes, n'en ayant encore point. N'était-ce pas le parti le plus sage ? Je me suis un peu attendri pourtant, vers la fin de la classe, en me recommandant aux prières de mes élèves, quand je leur ai annoncé que je serai prêtre bientôt. Il y a parmi eux quelques bonnes petites âmes, il est aisé de s'en apercevoir à la manière dont on est écouté et suivi.

La pensée du sacerdoce prochain éclaire de son rayon les premiers pas dans le métier qui ne devait donner qu'à la longue son fruit et sa douceur :

C'est assez dur, ma classe. J'ai bien d'autres pensées que celle-là, Dieu merci. Plus tard, je serai tout entier aux âmes que Dieu placera sur ma route : je serai à elles avec de nouveaux pouvoirs et des moyens d'une efficacité assurée pour les sanctifier. En attendant, je suis un peu à moi-même, ou plutôt, je voudrais être à moi-même, je n'y réussis pas toujours.

La retraite des ordinands se tint dans la maison édifiée près du sanctuaire de Notre-

Dame de la Salette, sur une des collines de
Vienne. Claude fut logé dans une chambre
qui lui rappelait la mémoire du saint Père Gi-
raud, qu'il y avait rencontré après sa première
année de Saint-Sulpice, et dont il goûtait les
écrits et maintes belles pages sur le sacerdoce.

Le cahier de retraite note les alternatives
de confiance et de crainte que connaissent les
jeunes gens les mieux préparés à la prêtrise
à l'approche de l'ordination :

Pourtant c'est vrai, c'est vrai, dans moins de deux
journées cette heure pour laquelle j'ai tant lutté et
parfois tant souffert! Mon Dieu! que vous êtes bon!
Dire que c'est moi, moi que vous connaissez, et que
celui-là sera votre prêtre! Et que ce don du Sacerdoce
sera permanent! Et que j'emporterai ce caractère au
ciel, parmi l'assemblée des élus! Et que je pourrai,
à l'aide de votre grâce, sauver bien des âmes! Et qu'il
faudra coûte que coûte que je procure votre gloire.

Tous les jours, monter à l'autel! Cela est effrayant
et je ne sais comment j'ose y penser! Et pourtant c'est
bien consolant. Et vous voulez même, ô mon Dieu,
que je n'envisage en ce moment que ce côté de mon
sacerdoce.

Avant de quitter Notre-Dame de la Salette
pour rentrer à l'École la veille de l'ordination,
il va se prosterner aux pieds de la Vierge, et
prononce cette consécration, qu'il portera sur
lui pendant la cérémonie :

Je vais quitter cette maison bénie, mais, avant de

partir, je veux me consacrer à Vous. Je renouvelle toutes mes consécrations antérieures. Ici, on vous invoque sous le titre de Réconciliatrice des pécheurs. Je vous demande que mon ministère soit tout de réconciliation... Bonne mère, faites que je sois tout aux âmes, surtout aux âmes qui se sont éloignées de votre Fils, que j'y sois sans lassitude, ni dégoût jamais; donnez-moi la grâce de la persévérance dans toutes mes résolutions du séminaire : j'ai la bonne volonté de les observer, j'en suis certain.

Je ne voulais pas vous dire autre chose, bonne Mère, avant de partir pour être prêtre! Faites que je fasse toutes choses avec vous, en vous et par vous.

L'une des joies de Claude c'était de recevoir la prêtrise en même temps que M. Henri Guy, enfant de Vienne comme lui; ils avaient reçu le même jour la grâce du baptême; ensemble ils avaient fait leur première communion et reçu la confirmation en l'église Saint-Maurice; ensemble ils recevraient la consécration sacerdotale en présence de quelques-uns de leurs confrères de Saint-Sulpice; mais l'un des sacrifices de Claude c'était de n'avoir point près de lui son frère Henri qui venait d'entrer au séminaire d'Issy et qui ne réussit point à faire fléchir les rigueurs du règlement.

Revenu à l'école, le samedi soir, il note :

Samedi soir, dix heures. Je suis rentré à l'école. Un peu d'agitation causée par les préparatifs du lendemain. Mais en somme la paix et la joie au fond de mon âme.

Des confrères de Saint-Sulpice seront là, mais mon
bon frère Henri sera absent! Il aura lui aussi, ma première bénédiction ; je la lui enverrai de tout mon cœur
dès que je serai prêtre.

Ce soir un enfant accourt vers moi : « Monsieur, vous
serez mon confesseur! » Cela m'a surpris, et puis vous
le savez, mon Dieu, j'ai été bien heureux. N'est-ce pas
pour cela que je suis ici, pour être père dans l'ordre
de la grâce? Douce et chère paternité qui sera la mienne
demain !

Et Notre-Seigneur! Comme il va être plus particulièrement que jamais, mon ami, mon bon et doux
Maître, ma lumière, ma force de tous les instants!

Oh! que demain vienne vite ! *In manus tuas, Domine,
commendo spiritum meum ; redemisti me, Domine, Deus
veritatis.*

Et le dimanche matin, 21 octobre 1888 :

Jour béni, jour d'éternelle mémoire, jour que le Seigneur a fait, jour de joie calme et d'union à mon Seigneur Jésus-Christ, mon roi, mon maître et mon frère
à jamais adoré !

Je vais partir pour l'ordination !

La cérémonie de l'ordination ne se raconte
pas, l'émotion de ceux qui y prennent part, ne
se décrit point. Ce qu'elle fut pour Claude
on le devine au travers des quelques lignes
qu'il envoie à son frère Henri :

« Mon bon Henri, je suis donc prêtre. Le bon Dieu
a permis que cette grâce me soit donnée en ton absence.
Va, c'est pour nous deux un sacrifice qui aura ses

compensations. Je te bénis de tout mon cœur de prêtre et de frère.

Je n'ai pas la force de te raconter tous les détails de cette belle cérémonie de ce matin. D'autres le feront. Du reste, tu le comprends, je n'ai rien vu, rien absolument. Je n'ai vu que Notre-Seigneur dont me voilà prêtre, et encore j'étais tellement troublé que je me suis laissé faire, m'abandonnant à la grâce toute-puissante de mon divin Maître.

Une lettre de Claude contient aussi ce détail émouvant :

Le matin de la cérémonie, au moment où je sortais de la sacristie, un inconnu se précipite dans mes bras en pleurant.

Etonné, je regarde, je regarde encore, et je reconnais un ami de mon père. Il venait me recommander sa fille, morte la veille au soir. Cela m'a bien touché et j'ai compris ce que c'est qu'un prêtre, et quel est son rôle dans le soulagement des douleurs humaines.

Le lendemain, Claude célèbre sa première messe à sa paroisse de Vienne, Saint-André-le-Haut.

Sa sœur peut écrire qu' « il avait l'air d'un ange, tant il était recueilli. Un peu plus pâle que d'habitude, il ressemblait tellement à notre mère que tout le monde en était frappé ».

Son bonheur transpire dans les lettres qu'il écrit à ses amis dont c'est le tour de recevoir sa bénédiction : à M. Hemmer, le frère de son âme, l'ami tendrement aimé, aux trois membres de la communauté, à M. Léon Charpentier, à d'autres encore.

La lettre qu'il écrit aux frères de la communauté peint à merveille les sentiments de son âme en ses premiers jours de sacerdoce :

Je suis prêtre. Cela est si extraordinaire, si merveilleux que je me demande si c'est vrai. Et pourtant rien de plus certain : ce jour tant désiré de l'ordination sacerdotale et de la première messe, ce jour est passé. Il y a encore une joie plus douce que celle de monter au saint autel pour la première fois : c'est celle d'y retourner tous les matins. Quelle fête c'est dans l'âme d'un jeune prêtre que de se réveiller en pensant au grand acte qu'il va accomplir ! Les soucis et les peines, comme on les oublie facilement en célébrant la sainte messe ! Pour moi, je me sens tout autre, à cet égard. Il me semble que j'ai plus de courage, depuis que je suis prêtre, et plus d'abandon et plus de tranquillité d'âme.

Lundi, j'ai assisté à une partie de la première messe de l'abbé Guy, puis j'ai célébré la mienne : je tremblais beaucoup, mais au fond j'étais en paix. J'ai donné la Sainte Communion à mon père, à toute ma famille : le matin, j'avais porté Notre-Seigneur à ma vieille grand-mère, trop âgée pour attendre l'heure tardive de la messe.

Là surtout, j'ai bien regretté votre absence et celle de mon frère Henri. Je vous aurais donné Notre-Seigneur Jésus-Christ, c'est-à-dire Celui que nous désirons, et que nous aimons, et dont nous sommes les serviteurs et les amis. Et vous n'y étiez pas ! — Tenez, j'ai pensé que nous pourrions refaire une autre grande fête quand nous nous réunirons aux vacances prochaines, une fête tout intime, celle-là, où Notre-Seigneur, en se faisant notre nourriture, deviendra plus que jamais le lien commun, indestructible de nos âmes. Si c'est à Vienne, je prendrai les mêmes ornements, le même missel, le même calice. Et cette première messe dite devant vous laissera aussi un souvenir impérissable dans mon cœur.

Après la première messe, j'ai eu deux ou trois heures de recueillement. Vers le soir, je suis allé à l'école, et j'ai repris dès le lendemain mes fonctions de professeur. Oh ! que j'étais heureux de revenir auprès de mes élèves avec l'autorité et la grâce de mon sacerdoce. Je n'ai pas su leur parler longtemps. Je n'ai pas pu leur dire autre chose que ma reconnaissance envers le bon Dieu, les conjurant de m'aider par leur travail, leur piété, leur amour du bien, à remercier dignement Celui qui m'a appelé, consacré et béni pour un si saint ministère. Et je leur ai dit que la Sainte Vierge avait été très bonne pour moi; j'ai parlé beaucoup de la Vierge fidèle.

Maintenant tous les jours je vais à l'autel; tous les jours j'y porte vos noms, vos désirs, vos demandes, vos besoins spirituels. Ce n'est plus frère Claude qui prie! ou si c'est lui encore, sa prière est peu de chose, il le sait bien, allez! mais la prière de Notre-Seigneur présent entre mes mains est toute puissante. Et voilà pourquoi j'ai un immense besoin de penser à vous que j'aime tant, quand j'unis ma voix à celle du Maître et de l'Ami invisible que je représente. Oh! mes bons frères, je vous conjure de ne pas cesser vos prières pour moi, de les redoubler même, afin que les grâces reçues demeurent en moi toujours et y produisent les fruits qu'elles doivent produire. Que cette pensée est effrayante! Après tant de bienfaits, si je venais à être ingrat envers Notre-Seigneur!

Toute sa vie Claude devra au souvenir de sa prêtrise un bonheur d'expression remarquable, chaque fois qu'à l'occasion d'une ordination, il félicitera l'un de ses frères ou de ses anciens élèves de franchir un nouveau degré vers le sacerdoce. Voici en quels termes, en juin 1889, il s'exprime à son frère Henri, qui va recevoir la tonsure :

Plus qu'une heure, et Notre-Seigneur Jésus-Christ, le Père, le Maître, l'Ami de ton âme sera ton *héritage* immortel. Celui-là, personne ne te le ravira jamais. Je m'unis à ta joie encore une fois. Je bénis cette Providence maternelle qui veut que nous marchions ensemble, à côté l'un de l'autre — en vrais frères — sur la même voie. Je lui demande, à ce Jésus qui t'aime tant, de recevoir tout à l'heure les prémices de cette consécration irrévocable que tu lui feras de toi-même dans deux ans. Regarde en arrière, mon Henri, comme tes désirs se sont vite réalisés, malgré ta pieuse impatience ! Te voilà *du for de l'Église !* C'est plus que jamais ta demeure, ton lieu de *repos*. Tu sais de quel *repos* parle ici la sainte Écriture...

Je vais à la chapelle. Moi, aussi, j'assisterai à la cérémonie, tout seul au pied du Saint Sacrement. Et je veux entendre de loin ton *Dominus pars*. Je l'entendrai car je sais tout ce qui se passe ; je m'en souviens comme si c'était hier... Je vois le départ d'Issy, l'arrivée à Saint-Sulpice, à la chapelle ; je ne regrette même pas d'avoir oublié de t'envoyer le livre de l'ordination : il t'en faut un *à toi*... Et je veux suivre ici la cérémonie comme je la suivais il y a cinq ans.

Il y a cinq ans, je disais aussi mon *Dominus pars*,

et maintenant je suis prêtre : on dirait que c'est un
rêve, tellement toutes ces ordinations me paraissent
récentes... Dans cinq ans, mon Henri, tu seras prêtre.
Il faut te le répéter souvent à toi-même, et la pensée la
plus pratiquement sanctifiante que tu puisses avoir
désormais, c'est celle-ci : *ce sera bientôt !* Oui, ce sera
bientôt, et alors tu me béniras, comme je te bénis en
ce moment au nom de Notre-Seigneur!

CHAPITRE VI

LES PREMIÈRES ANNÉES
DE PROFESSORAT

1888 à 1902

Sommaire : I. Prise de posssession de son logis et de sés
fonctions comme professeur de seconde. Mélange de
joies et de peines. Lente et pénible acclimatation. Violents désirs de bien et d'activité. Articles dans *la Croix
illustrée*. Incertitude sur les travaux à entreprendre. —
II .L'enseignement de l'histoire en 1889. La direction de
la Congrégation. L'amour des âmes d'enfants le retient
au collège. Esprit fraternel envers ses collègues. — III.
La préparation des cours. La « Revue historique » dans
l'*Université catholique*. Les concours de Mai. L'enseignement religieux des grands jeunes gens. Troubles de santé.
Voyages de vacances. Mort de M. Pilliard. Mort de son
père. Sa mission l'a conquis et fixé au collège.

Toute l'existence sacerdotale de Claude
Bouvier s'est passée dans l'enceinte de son
école. Les années de sa vie s'écoulent, sans
événements notables, dans l'application aux
tâches de l'enseignement, de la surveillance, de
la direction spirituelle, qui sont ordinairement
celles des professeurs ecclésiastiques dans les

collèges secondaires libres. Peu de vies furent plus unies que la sienne. Ce ne fut pas sans crainte qu'il s'engagea dans l'enseignement, ce ne fut pas sans de violents retours vers d'autres aspirations qu'il s'y maintint. Si nous rapportons quelque chose de ses hésitations et de ses révoltes, ce n'est pas seulement par la volonté de demeurer vrais dans la peinture d'une âme exceptionnellement élevée et sensible, c'est aussi pour que l'histoire de ses déceptions, de ses dégoûts comme de ses enthousiasmes et de ses victoires sur lui-même apporte aux membres de l'enseignement libre qui en liront le récit, des lumières, des consolations et des encouragements.

De 1888 à 1902 la vie de Claude est entièrement absorbée par la fonction de l'enseignement : professeur de seconde pendant sa première année (1888-1889), il enseigne l'histoire de 1889 à 1893, enfin il devient professeur de rhétorique. Après 1902, délivré de l'enseignement de la rhétorique et redevenu exclusivement professeur d'histoire, il dispose d'un peu de temps pour se livrer à des études personnelles. Ce sera comme une autre période de sa vie, et qui mérite un chapitre à part dans sa biographie.

La répugnance de Claude à entrer dans l'enseignement se manifeste très vive dès la première visite qu'il rend à son école. Il convient que les anciens professeurs comme les nouveaux collègues l'ont bien accueilli, plusieurs même à « bras ouverts ». Et cependant il écrit : « Je suis sorti de l'école où je vais demeurer à perpétuité (j'appelle un an ou deux l'exil à perpétuité, ce sera long), j'en suis sorti, dis-je, avec du froid dans l'âme et dans le cœur... Ce n'est plus ma vieille école! » Peut-être certaines besognes de surveillance lui sont-elles particulièrement fastidieuses. Plus probablement sent-il le besoin de travailler encore à mettre en valeur son esprit et à développer ses connaissances. Aussi se ménage-t-il une « porte de sortie » en entretenant son père et le supérieur de la maison des hautes études qu'il souhaiterait de poursuivre à Rome dans deux ou trois ans.

Tout cela a été accepté, un peu parce qu'il s'agit d'un terme éloigné et que d'ici là on compte bien me faire revenir sur ma résolution. En somme tous ces beaux projets ne se réaliseront ni bien vite, ni bien facilement; mais depuis que je les sens « possibles et réalisables », j'ai plus de courage; je vois que toute voie ne m'est pas fermée par le seul fait de ma rentrée à Vienne.

A l'origine de ces luttes intérieures, pour accepter la destinée qui se prépare, nous voyons l'immense abnégation de ses goûts et de ses préférences personnelles dont sera faite son existence pendant de longues années.

Cependant, dès avant la rentrée, il avait procédé à son installation matérielle : il tenait à donner à sa chambre de professeur une ressemblance avec sa cellule (le I, 13) de Saint-Sulpice.

Hélas ! les murs ne seront pas blancs... Mais le lit sera de fer et il n'aura pas de rideaux. La bibliothèque se composera de rayons de bois. Je la placerai à ma portée, tout près de mon bureau qui sera tourné du côté de la fenêtre. Avec un peu d'imagination, je me croirai dans mon ancien domicile. Si vos petites lettres, écrit-il au groupe d'amis, arrivent régulièrement, le tableau sera parfait, je penserai au toc, toc..., que j'accueillais avec tant de joie et à nos causeries dans l'entrebâillement de la porte.

La prise de possession de la chambre eut lieu pendant les vacances, en présence de ses amis, selon le rite qu'il avait imaginé : « La cérémonie sera très simple. On se mettra à genoux, on récitera une petite prière à la Sainte Vierge. Point de discours. Je n'en veux point sur ma tombe. »

L'un des ornements essentiels de sa cellule, c'est le buste de saint Bruno, une belle tête de moine pensif, que ses amis lui avaient donné : « Je veux qu'il me regarde toujours et me prêche le recueillement. »

Dès la seconde année, il changea de chambre :

Apprenez, écrit-il à un ami, qu'on m'en a donné une très spacieuse et toute gaie ; que de là, je vois, mieux que jamais, notre beau Rhône qui s'enfuit derrière les Cévennes, et qu'enfin je vais trouver voltigeant dans mon nouveau domicile toutes sortes d'idées roses et bleues. J'ai laissé dans ma pauvre chambrette de jeune professeur les idées noires et vertes, les vertes surtout que je déteste. Des goûts et des couleurs on ne discute pas.

Cependant, comme il met de son âme dans tout ce qui l'environne, il donne un regret à son ancien logis où il faisait « trop chaud en été » et qui « suffisait à peine à certains jours pour contenir le flot des visiteurs ». Mais « c'est là, écrit-il, que j'habitais quand Notre-Seigneur m'a fait prêtre : le soir de mon ordination, le soir de ma première messe, c'est là que je me suis retiré pour prier et pour tâcher d'être reconnaissant. C'est là encore, — huit jours plus tard, — que j'ai reçu et pardonné « mes premiers enfants », la chapelle ne pouvant les recevoir ce soir-là. »

La nouvelle résidence avait l'avantage d'être toute proche de la chapelle. Claude se réjouit d'être porte à porte avec Notre-Seigneur qu'il appelle « mon Voisin de la chapelle ». Et il continue en ces termes :

Il y avait ainsi, à Saint-Sulpice, une cellule très enviée d'où l'on apercevait quelquefois le tabernacle. Il était plus facile d'y travailler, d'y prier, de s'y conformer à la volonté de Notre-Seigneur. Je pense qu'il en devrait être ainsi de ma chambre de collège et que je suis un privilégié qui n'use pas assez de son privilège.

C'est cette chambre contiguë à la chapelle que Claude va occuper les vingt-cinq dernières années de sa vie : il en goûte la vue magnifique sur le Rhône et l'horizon fermé par les ondulations du massif du Pilat. Certains soirs d'automne, au coucher du soleil, le spectacle ravit son âme d'artiste et son cœur de prêtre.

Il dispose et orne sa chambre : au fond de l'alcôve, sur le mur qui fait face aux fenêtres, un grand Christ de dimensions plus qu'ordinaires qu'il a choisi tel pour dominer son lit. Un des murs de la chambre est occupé par une bibliothèque bientôt insuffisante. Des reproductions de chefs-d'œuvre et quelques tableaux occupent la dernière muraille, et reposent les yeux en suggérant de nobles pensées.

Prêtre, homme d'étude, ami des arts, Claude s'est fait une retraite à son image. C'est là qu'il reçoit des amis venus de tous les coins de la France et de l'étranger, charmés d'apprendre au fil de ses causeries spirituelles les nouvelles les plus récentes de Rome et de Paris. C'est là qu'il reçoit des visiteurs, de plus en plus nombreux avec les années, qui sortent de ces entretiens éclairés et fortifiés.

Sa classe de seconde fut ornée avec le même goût que sa chambre : « Une magnifique tapisserie offerte par les élèves donne à ma classe l'air d'un salon. On parle même de faire venir du Louvre quelques bustes en plâtre pour l'orner davantage. »

Dans ses débuts, Claude Bouvier connaît les illusions et les déceptions des jeunes professeurs, une part de joies et de bonheurs, une part d'ennuis et de peines.

Les joies sont vite énumérées : d'abord la surprise de découvrir parmi ses élèves quelques intelligences vraiment peu ordinaires : « On est content d'avoir devant soi un petit auditoire qui n'a pas l'air de trop s'ennuyer »; puis l'intérêt qu'il prend tout de suite à la petite famille spirituelle de ses pénitents.

Mais les ennuis l'emportent singulièrement dans la balance. Ceux qui tiennent à la paresse naturelle des élèves, à la mollesse de l'éducation qui leur est donnée dans la famille, il en prend assez facilement son parti, et même il les dépeint avec une certaine bonne humeur :

Mes élèves, ah ! parlez-moi de mes élèves. Voilà des enfants qui travaillent peu et n'en savent pas davantage. Je leur développe de belles théories littéraires ; mais bast ! ils n'en retiennent rien, quoiqu'ils écoutent beaucoup. Le P. Mestre, jésuite, a plus de succès que moi, c'est lui qu'on apprend, lui qu'on retient, lui qu'on sait par cœur. J'en sèche de jalousie, et de dépit! Oh! mon Dieu, quelle grande farce c'est en ce monde que les études littéraires de la majorité des Français!

J'ai commencé la repasse : oh! les délices du latin et du grec réchauffé : du re-Platon, du re-Xénophon, du re... Il n'y a que le re-Tacite que j'aime un peu. Ce barbare qui n'a jamais écrit comme Cicéron, m'a toujours plu beaucoup, précisément parce qu'il n'écrit pas comme Cicéron.

Toute sorte de besognes accessoires viennent se greffer sur les principales, « la fête de M. le Supérieur à préparer : que d'heures gaspillées à écouter les répétitions de la *Grammaire* de Labiche, voire même à corriger les devoirs d'Académie et le compliment en vers de notre petit frère. Car le petit frère, — il faut que tu le saches — s'est fendu d'un... comment dit-on, d'un épithalame, non... d'une allégorie en vers... C'était touchant[1]! »

Et puis il faut soigner les comptes rendus des séances. J'ai dû faire gémir la presse locale en deux pompeux articles, comme on n'en fait qu'en province et à Vienne en Dauphiné. Points d'exclamation! Points d'admiration surtout. Points de suspension... Je les ai semés avec une magnificence digne des dieux tout le long de ces articles en deux colonnes, où je me suis décerné en passant les éloges les plus délicats ainsi qu'à mes confrères...

1. Lettre à son frère Henri.

Ah! réclame, quelle puissance ! M. Géraudel aurait fait ma fortune, s'il m'avait connu !

Il se prête à tout, il se dépense sans se ménager, parce que c'est son devoir. Tout de même il sent bien que des heures précieuses lui glissent des mains ; il les souhaiterait employées à de plus grandes besognes : « Bref avec tout cela, mon pauvre vieux, je ne fais pas grand'chose : je travaille pour les autres, guère pour moi ; on dit que c'est ainsi qu'il faut faire... Oui, quand on a beaucoup à donner aux autres, non, quand on n'a guère d'avoir. Je compte sur les vacances pour travailler ; et tu sais, mon pauvre Henri, ce que valent de semblables promesses. »

D'illusions, il semble s'en être fait quelques-unes au début, celle notamment de pouvoir parler à des humanistes, comme s'ils étaient de grands jeunes gens. C'est ainsi que, venant de terminer une série de classes sur Montaigne, Claude se propose de leur parler « du scepticisme en général et de celui de quelques-uns de nos grands écrivains. Je comparerai les diverses nuances que revêt le doute dans les œuvres de chacun d'eux. J'arriverai à notre siècle. Et, à propos de Musset, de Jouffroy, de Maine de Biran, je leur parlerai du doute chez les jeunes gens, de ses causes, de ses dangers, de ses remèdes. Je terminerai en leur rappelant comment Ozanam, jeune encore, mais plein de foi, triompha d'aussi redoutables épreuves. »

Il dut promptement rabattre de ses beaux projets.

De même, s'il avait cru pouvoir laisser un peu flotter les rênes dans sa classe, par bonté naturelle, il ne tarda pas à se ressaisir : « Mes petits sont sages. Je commence à me fâcher et à punir beaucoup. Il ne faut pas traiter les enfants comme des séminaristes de Saint-Sulpice. Au commencement je m'étais fait illusion à cet égard. »

Aux menus déboires de la vie de tout professeur s'ajoute pour Claude le sentiment cruel de l'inutilité de sa vie. Le professorat de seconde semble le murer en quelque sorte dans l'enseignement de la littérature. Or, chose singulière, cet esprit si bien doué pour les lettres, et qui en goûte profondément les beautés, ne parvient point à s'en contenter. Les excursions qu'il a tentées avec ses élèves dans le domaine des idées n'ont pas eu de lendemain. Les pauvres devoirs français d'une classe de seconde, les traductions de grec et de latin, ne lui offrent point assez d'occasions pour meubler les jeunes esprits de belles et bonnes idées, capables d'influencer toute la vie. Or, c'est de cette action-là qu'il a faim et soif; c'est elle qu'il est impatient d'exercer.

Dans de semblables dispositions, est-ce trop de dire qu'il témoigna d'un véritable héroïsme en déclinant la proposition qui lui est faite dès son entrée à l'École Saint-Maurice d'occuper la chaire de philosophie? Un sentiment de délicatesse envers un de ses collègues, plus ancien que lui, l'empêcha d'accepter.

Comme il était naturel, son âme ardente se rejeta tout entière vers la voie qui demeurait ouverte, celle de l'action personnelle sur les âmes des enfants qui venaient lui demander une direction de conscience. Les soins qu'il prodigue à ces enfants sont touchants :

On m'avait envoyé deux enfants : ma famille n'est pas encore nombreuse. Il paraît qu'elle grandira. Mais je n'y tiens pas avant d'avoir acquis par la lecture, par les conversations de mes confrères, par mes propres observations, un peu plus d'expérience. Cela est nécessaire. Prie pour moi. Ce ministère me plaît beaucoup. Il est consolant, tu le sais mieux que moi. Il est surtout sanctifiant, et je connais mieux la vérité et la beauté du *pro eis sanctifico meipsum*, depuis mercredi soir. Je fais bien mieux mes exercices de piété... J'ai plus de plaisir à l'observation des devoirs sévères. Ce n'est plus seulement pour moi que je travaille et que je prie[1].

L'élan de son zèle trouvait son frein dans

1. Lettre à l'abbé Hemmer.

son bon sens et sa modération naturelle, dans
les conseils aussi qu'il demandait autour de
lui. Son ancien directeur de Saint-Sulpice,
M. Roby, lui écrivait :

Laissez à vos œuvres le soin de fonder votre autorité;
elle viendra sans que vous ayez besoin d'y travailler
directement, et elle sera d'autant plus solide que vous
n'aurez rien fait de répréhensible. Nouveau venu,
effacez-vous devant tout le monde : c'est le moyen de
vous faire pardonner tout le bien que vous ferez, et
que d'autres ne peuvent pas ou ne veulent pas tenter.

Malgré tout, de grandes souffrances lui
vinrent des entraves nées des hommes et des
choses, usages de la maison, règlements
qui avaient leur sagesse, leur étroitesse aussi
peut-être, et qui ne se modifieraient dans la
lettre ou dans la pratique qu'au prix d'une
longue patience.

Les lettres de nouvel an, au début de 1889,
trahissent une souffrance :

Ne me souhaite pas de meilleure année que celle qui
vient de s'écouler : l'année du sacerdoce. Souhaite-moi
de faire un peu de bien ici, à mes élèves, à mes petits
enfants en Notre-Seigneur. Tout ministère a ses difficultés et ses peines. Ne me souhaite pas d'ignorer
les peines, pourvu que je triomphe des difficultés.

Au milieu d'une communauté dont il est
apprécié, il ressent une pénible solitude
d'âme :

Je suis très occupé ici, je vois beaucoup de monde, et pourtant, à certains égards je suis bien seul, au point de vue spirituel surtout. Que de conseils je voudrais avoir et comment les demander? Souhaite-moi, souhaitons-nous tous deux une prudence sacerdotale.

Ce dernier souhait laisse prévoir certaines difficultés. Quelques jours après, le 10 janvier, sa peine longtemps contenue déborde enfin, et c'est à l'ami qui plusieurs fois a su le deviner, l'apaiser, qu'il envoie sa plainte. La lettre est vive, d'écriture rapide, à l'emporte-pièce. C'est le cri d'une âme qui ne rêve que du bien et qui ne se fait pas à l'idée que le bien soit enchaîné :

Tu veux une longue lettre et tu l'auras. Le temps me manque absolument. Mais vrai! il y a des jours où c'est trop dur de vivre si seul, de perdre si bien son temps, de sentir avec tant d'évidence qu'on le perd. Oui, je vis presque seul, quoique entouré de tant de personnes qui m'aiment. A qui faire part de mes préoccupations, de mes inquiétudes sur la voie que je dois prendre? Je ne sais vraiment. Et voilà pourquoi je t'écris quand même.

Quand même!... Il y a quatre tas de copies sur mon bureau — quand corrigerai-je tout cela? — qu'importe? Il y a au fond de mon tiroir un cours de littérature étrangère que j'ai entrepris il y a quelques jours pour mes élèves : continuerai-je ce que j'ai commencé avec tant d'ardeur? qu'en sais-je?... Serai-je professeur dans un an? Je me le demande.

Au point de vue naturel je suis parfaitement heureux

ici ; ma famille est près de moi, ma santé s'affermit. Je ne me déplais pas avec mes élèves. La compagnie de ces Messieurs est très agréable. Mais au point de vue surnaturel, je vois que mon travail ne me mène à rien de fixe et de certain : il y a des jours où il me semble que mon année est manquée ; le peu de grec et de latin que j'apprendrai, vaut-il bien la peine que je me condamne ici pendant plusieurs années à un travail quotidien qui ne me laisse le temps d'entreprendre aucune étude sérieuse utile pour mon ministère futur quel qu'il soit, car enfin je ne serai pas professeur de littérature toute ma vie. Cela est bien vain et bien creux, si intéressant que cela paraisse. Oh ! c'est creux, si tu savais !

Et il faut que ce soit creux. J'avais la naïveté de développer des théories — oh ! bien anodines, d'un accès bien facile, d'une portée fort limitée — mais au bout d'un mois je me suis aperçu que des enfants de quinze ans ne comprennent rien aux théories, aux idées générales, aux principes de toute nature et de toute couleur... Alors ! à quoi se réduit mon rôle, même comme professeur de littérature ? Puisque les enfants ne retiennent rien de ce que je dis, c'est que je vais trop haut. Pauvre sot, à quoi pensai-je ? Et voilà comment j'en suis presque réduit à expliquer pendant de longues heures en quoi la synecdoque diffère d'avec la métonymie, et la litote d'avec l'hyperbole. Oh ! c'est amusant, je te l'assure, et cela mène loin, et c'est bien la peine que nous, prêtres, faits pour les âmes, nous allions passer des années entières à pareille besogne !

Car enfin, j'entends ton objection, et j'y réponds. Le latin, la littérature (dis-tu avec tout le monde, car tout le monde dit cela) ce n'est qu'un moyen ! Ah ! voilà bien le mot que j'attendais. — T'imagines-tu qu'on atteigne facilement les âmes dans une école ecclésiastique? Oui, et non. Oui, on les atteint plus qu'ailleurs, et c'est quelque chose. Mais de leur faire tout le bien qu'on s'imagine qu'il est possible et facile de faire, pure chimère, pure illusion! Il faut compter d'abord avec les élèves qui, par instinct, s'éloignent du maître, non pas du prêtre, remarque-le bien, mais du maître qu'ils voient trop dans le prêtre, quoi que le prêtre y fasse.

Et quand ces enfants seraient aussi ouverts qu'on le désirerait, crois-tu qu'il ne faille pas compter avec les règlements parfois bien gênants de nos maisons[1]?

Le destinataire de ce réquisitoire distingue fort justement ce qu'il y a de peine profonde dans cette véhémence de ton, et il répond :

En recevant ta lettre de l'autre jour, je me suis rappelé une conversation du bon « father » Hogan, un jour qu'il me prêtait un de ses cahiers. Il me disait combien il était absorbé, envahi, débordé de tous côtés, et combien il était heureux pour lui qu'il eût beaucoup travaillé étant jeune. « Voilà des années, disait-il, que je vis sur mes notes de jeune directeur. » Le malheur d'un jeune prêtre, c'est qu'il ne sait pas travailler; il s'ennuie parce qu'il a peu de bien immédiat à faire autour de lui : c'est un peu ton cas et c'est aussi le mien; il s'annihile dans des occupations matérielles ou des relations extérieures, si l'occasion ou le prétexte s'offre à lui d'y chercher la gloire de Dieu.

Car le peu de bien qu'on arrive à faire dans une vie entière, ce n'est qu'au prix d'une grande dépense de

---

1. Lettre à l'abbé Hemmer.

temps et de dévouement qu'on parvient à l'accomplir. Ce n'est pas au bout d'un an qu'on est directeur dans un grand séminaire, ou vicaire dans une paroisse, ou professeur dans une maison d'éducation, qu'on peut s'y trouver en possession d'une grande influence et en mesure d'y faire un bien spirituel très notable. Je ne veux donc pas soutenir « qu'on atteigne facilement les âmes dans une école ecclésiastique ». On ne les atteint facilement nulle part. Mais je suis convaincu que tu t'exagères les difficultés que tu rencontres à cet égard à Vienne, et que ces mêmes difficultés tout le monde les éprouve, au début de la carrière.

En tous les cas tu me parais parler bien dédaigneusement de « ce peu de latin et de grec » que tu apprendras. C'est bien quelque chose pourtant, puisque d'autres ont le vif regret de ne point savoir ce grec et ce latin, pour creux que cela puisse te paraître. Car enfin tu n'es pas tenu de développer des théories à tes humanistes; mais tout en leur faisant une bonne classe à leur portée, tu peux fort bien étudier pour toi d'une autre manière.

Et pour n'être pas en soi-même de la théologie, cette étude-là me semble devoir trouver son emploi dans l'œuvre quelconque que tu entreprendras plus tard.

De même pour tes enfants, il me semble qu'il doit y avoir moyen de tirer partie de la situation. C'est à vous — les professeurs — à ne pas vous « retirer des élèves » comme tu dis. Et crois bien qu'ils t'en sauront gré, à la longue. En toutes choses, il faut du temps pour recueillir les fruits de sa conduite.

Tout en faisant la part, dans cette correspondance, de l'exagération naturelle aux confidences, de l'exaspération momentanée due à quelques incidents qui nous échappent, de certaine outrance dans l'expression, il demeure évident que l'acclimatation à la vie du collège se faisait assez lentement et au prix de sacrifices très étendus.

De temps en temps, son cœur se retourne vers la Solitude[1] et se prend à regretter de n'y avoir pas cherché tout de suite son refuge : « Ma vie aurait été plus utilement employée. »

L'autre soir, après avoir fait plusieurs visites très ennuyeuses, après avoir épuisé les banalités qui se disent et même celles qui ne se disent pas, je suis rentré si triste à la maison que je me suis demandé si je n'avais pas eu bien tort de revenir si vite à Vienne, si je n'aurais pas dû faire plus d'efforts pour entrer à Saint-Sulpice, du temps que je le pouvais. Ma présence était-elle donc si nécessaire à Vienne? Je me suis demandé cela, et j'ai été horriblement triste (passez-moi cette tournure homérique : elle dit ce que je veux). Il n'y a rien de si pénible que cette pensée ; je perds ma vie, je me trompe de route ; je ne me conduis pas, mais je me laisse conduire par les événements, par les influences extérieures ; je vais gaspiller mon temps, je vais perdre de bonnes années à chercher ma voie tandis que je devrais déjà l'avoir trouvée... Oui, tout cela, je me le suis dit bien souvent au séminaire ; l'autre jour, je me le suis répété ici, dans ma chambre, froidement.

1. On désigne de ce nom à Issy, le pavillon retiré où les futurs Sulpiciens passent une année pour éprouver leur vocation, tout en recevant la formation spirituelle appropriée à leur mission future.

Mais la « maladie de la Solitude », comme il dit, a beau le « ronger toujours et fort », il est bien obligé de convenir que d'impérieuses raisons ont dicté le retour à Vienne et que « l'oiseau est ici retenu par la patte avec de gros lacets ». Il faut donc vouloir quand même ce que Dieu a voulu pour lui.

Pour apporter une diversion à des peines si cuisantes, dans la vue aussi de préparer l'avenir, son ami et confident essaie de l'engager dans un travail particulier qui le passionnerait, le divertirait de ses anxiétés, lui ménagerait des ouvertures vers d'autres occupations : c'est ainsi qu'à diverses reprises il insiste en vue d'une préparation de licence, préface nécessaire d'un doctorat ou d'une chaire à quelque Faculté. Claude avait-il conscience d'être par sa culture personnelle très au-dessus du licencié selon la formule ? il ne put jamais se résoudre à passer dans la catégorie des candidats : « Allez, j'ai des goûts bien sauvages, et si jamais l'Université réussit à m'attirer dans quelqu'un des antres où elle fabrique ses diplômés, je passerai un mauvais quart d'heure entre ses griffes. Mais voilà, — je n'irai jamais dans ces antres-là. » D'ailleurs, sa santé qui ne fut jamais très brillante, rendait assez pénible la préparation de l'examen. Les supérieurs approuvaient l'entreprise, mais il aurait fallu tout mener de front avec la conduite de la classe :

La licence! On m'a proposé cela. Mais la licence avec une classe, la licence avec des soucis de toute nature et qui pèsent chaque jour davantage. — Non cela n'est pas possible, surtout avec mon tempérament qu'on dit impressionnable. Impressionnable! je voudrais bien voir ceux qui me font de cette impressionnabilité un reproche, je voudrais bien les voir aux prises avec les mêmes difficultés. — Mais je ne les leur souhaite pas, car il me reste encore un peu de charité, si méchant que je devienne!

A toutes les idées, à tous les projets qui lui sont suggérés, il répond invariablement : « Au milieu de toutes mes inquiétudes j'ai à peine la force et le temps de préparer ma classe et de remplir convenablement mon devoir d'état. »

Par moments, le sentiment de la capacité qui est en lui et de l'inaction relative à laquelle le condamnent sa santé, le surmenage et les circonstances, prend le dessus. Tantôt il éclate en boutades amères. Ces jours-là il s'épanche auprès de l'ami, habitué à recevoir ses doléances : « Quelque jour, je ferai des notices funèbres sur les curés défunts des environs : ma carrière littéraire se bornera là et ce ne sera peut-être pas si bête, et on ne lira pas plus cela qu'autre chose, ce qui me sera une maigre consolation. »

Tantôt il écrit d'un ton radouci à qui lui demande de menus services : telle cette réponse au rédacteur d'une petite *Croix* de province, qui est d'ailleurs de ses amis.

Vous me demandez des articles. Dame ! les articles, j'en écris un peu de tous côtés maintenant, et je ne crois plus beaucoup à leur vertu régénératrice. — Je pourrai peut-être trouver le temps d'écrire quelques petits récits ou contes détachés — comme feuilleton. Dans mes vieux papiers, je ne trouve plus que des poésies de jeunesse. Depuis, j'ai été horriblement sec en fait de littérature : de la bibliographie, de la philosophie, des articles de circonstances... rien à vous envoyer ! Mais attendez que la bise soit venue, qu'il fasse moins chaud, et peut-être retrouverai-je pour vous la veine perdue des petits romans, contes et nouvelles... J'ai quelque vanité à rappeler que certain personnage — liseur d'âmes — m'avait prédit que je finirais dans la peau d'un Ponson du Terrail, et que Xavier de Montépin pourrait bien trouver en moi sa sixième ou septième incarnation. Car, vous n'en êtes pas à ignorer — cela est un fait acquis dans l'histoire littéraire de la troisième République — que les romanciers populaires ne meurent jamais et qu'il s'en forme pour les journaux de fort tirage d'impérissables dynasties.

De fait, il retrouvera quelque jour une veine de verve ancienne et publiera, dans la *Croix illustrée de Paris,* de délicieux contes, de simples récits, vrais délassements de plume, qu'il signera du pseudonyme C. Avienne.

Bientôt il lui sera demandé des analyses et des critiques de livres pour le *Moniteur bibliographique*.

Mais cette dispersion n'est pas approuvée de son ami : « Avec ta facilité de plume, ton imagination, ton abondance, ta délicatesse de touche... tu n'as pas le droit de borner l'emploi de ton talent d'écrivain à des analyses de livres. »

Il proposait à Claude des travaux qu'il pensait être à sa portée sur la vie, sur l'action ou sur les œuvres d'un Veuillot, d'un Gerbet, de Mgr Pie ou de Montalembert. Il souhaitait de lui voir mettre sur chantier un travail de plus longue haleine sur les divers personnages du mouvement catholique libéral, traités non dans une série de monographies particulières, mais dans une étude d'ensemble qui eût montré leurs origines philosophiques et religieuses, la continuité et la diversité de leur action d'école, leur rang littéraire, l'élévation de leur vie morale. Il estimait Claude capable d'un chef-d'œuvre que dans ses rêves il entrevoyait comme égal ou supérieur au *Port-Royal* de Sainte-Beuve, et ne le tenait pas quitte à moins.

Il espérait à la fois fournir un aliment à l'activité d'un esprit supérieur qui se rongeait de ne pas aller jusqu'au bout de sa puissance et de sa valeur, et amorcer une œuvre qui eût étendu à tout un monde de lecteurs le bienfait de son action spirituelle.

Le débat est parfois très vif entre les deux amis. Il offre assez d'intérêt pour que nous en reproduisions quelques pièces. C'est Claude qui répond aux amicales représentations de l'abbé Hemmer :

Je relisais l'autre jour une longue lettre de toi où tu me signales le péril de la dispersion. Ce péril, je ne l'ai pas évité, je le sens. Mais j'ai besoin quelquefois, de me dire, pour me rassurer, peut-être pour m'excuser, que je ne suis pas entièrement coupable de n'avoir pas su mettre l'unité dans ma vie, de n'avoir pas dirigé vers un but unique mes pauvres efforts. Les événements, les circonstances y ont été pour beaucoup; ma nature pour le reste.

Pour rendre mon ministère plus fructueux, l'étude poussée à bout sur quelque point de la science humaine ou divine est-elle si nécessaire? L'étude qui permet de se tenir au courant, de ne rien oublier, d'acquérir le suffisant : oui; celle-là, je m'y tiens...

C'est du reste la seule possible loin des grandes villes et des écoles. Je me reproche aussi d'avoir négligé quelques occasions que j'aurais pu trouver aisément de fréquenter de semblables milieux à Rome, à Saint-Louis, pendant trois ans, et cela, pour les mêmes raisons qui m'avaient autrefois déterminé à revenir de Paris à Vienne. Cette occasion pourra se présenter à un moment plus favorable : alors, je verrai! Mais je serai bien vieux!

Sans contester absolument le bien-fondé

des observations de son ami, Claude invoque
le fait de ses occupations. La question de possibilité prime celle du désir. Pour son ami,
c'est plutôt la voie inverse qu'il faut suivre :
exciter le désir qui deviendra une volonté et
s'imposera autant que possible aux faits. Tout
au moins suggère-t-il une voie moyenne, une
solution d'attente.

« Choisir dès maintenant une branche quelconque pour laquelle tu aies des dispositions
particulières et qui, malgré d'inévitables et
parfois assez longues infidélités, devienne
vite le sujet habituel de tes préoccupations et
de tes études... »

Quelques mois plus tard, Claude, à l'occasion
de ses vingt-six ans, se livrait à un examen
personnel sur ce qu'il avait fait jusque-là, et
il écrit :

Car, j'ai vingt-six ans, mon ami, ne t'y trompe pas !
Et pour grand et vieux que je sois, je n'ai rien fait
encore qui vaille. Cela est bien pour m'attirer les fou-
dres de ta colère. Je courberai la tête avec le profond
sentiment de mon humilité et de mon impuissance.

Ce qui me rassure encore un peu vis-à-vis de moi-
même, c'est que si je n'ai pas utilisé à de beaux travaux ma pauvre tête, c'est que, si je n'ai rien fait pour
« faire du bien » aux « collections » d'individus, du
moins j'ai tâché de développer mon action individuelle.
De ce côté, pourtant, je crois avoir rempli ma besogne
de semeur. J'ai même moissonné quelques vocations

ecclésiastiques sérieuses — et inattendues : — l'étonne-
ment qu'elles ont provoqué me le prouve. Et toutes ne
sont pas encore connues. Cela console de sentir qu'on
a été pour quelque chose — si peu que ce soit — dans
la vocation d'un prêtre.

Comme travaux d'intelligence, si j'excepte mon
métier de professeur que je respecte en le faisant
sérieusement, en tâchant d'acquérir chaque année
quelques connaissances nouvelles, si j'excepte encore
mes articles pour le *Moniteur bibliographique* — ce
qui équivaut à peu près à rien, — si j'excepte un travail très court pour votre Annuaire — il me semble
que je n'ai rien fait. Je me trompe : j'ai acquis un peu
d'expérience de la chaire : la parole publique ne
m'effraie plus, et, si j'avais plus de voix, on m'assure
que j'aurais du « succès » ! — Ces exercices de prédication m'ont coûté assez d'effort.

Voilà très naïvement où j'en suis : je ne vois pas
plus loin. La Providence fera bien naître les circonstances favorables, si elle me veut sur un autre champ
de travail.

II

Dans ces dernières lettres, le ton est devenu
beaucoup moins véhément, la résignation plus
calme et plus reposée. La Providence avait
permis des changements dans l'organisation
du collège et, par répercussion, dans la vie de
Claude ; ils étaient propres à pacifier sa vie
intérieure. Dès l'automne de 1889 la chaire
d'histoire lui fut attribuée. A défaut de la

philosophie qui avait ses préférences, l'histoire lui paraissait plus proche de la vie et de l'âme que la pure littérature, et c'est avec une joie profonde qu'il prend la charge de cet enseignement. Quelque peine que lui demande la préparation immédiate, il sent que ce travail ne lui pèsera guère, « puisque j'aurai, dit-il, la satisfaction de mettre sans en avoir l'air quelques saines idées dans la tête parfois bien creuse de nos grands jeunes gens de philosophie et rhétorique ».

Le baccalauréat projette bien une ombre sur ce bonheur. Mais « dans ce bas monde il faut apprendre à se contenter de perfections relatives. Le tout de la patience et de la résignation est là ». Visiblement la patience lui est rendue plus facile par le goût à son travail et la perspective d'un vrai bien moral à accomplir.

Une autre proposition de ministère lui est faite, qui le ravit par l'ouverture qu'elle lui donne du côté des âmes. Le supérieur du collège lui confie la direction de la Congrégation. A l'imitation de ce qui se passe dans les maisons de la Compagnie de Jésus, l'École Saint-Maurice groupait dans une association un choix d'élèves, se proposant de mener une vie solidement chrétienne et de donner en tout le bon exemple. S'il avait cru sentir des entraves à son action spirituelle, une opposition à ses désirs, à ses projets de rénovation chrétienne dans la jeunesse du collège et même de la ville de Vienne, la mission de confiance qu'il reçoit du Supérieur à l'égard des élèves les mieux disposés, lui apporte une joie et produit une détente bienfaisante pour son âme. C'est de ce jour qu'il va sentir la puissance de son action, toucher de près les réalités spirituelles, et s'attacher à ses enfants, à son école au point de ne plus vouloir les quitter.

Déjà des liens très solides sont tissés à son insu au moment où M. Ulysse Chevalier, après plusieurs autres, lui offre une aide efficace pour devenir chapelain de Saint-Louis-des-Français. Toutes les raisons qui l'avaient ramené à Vienne au sortir du séminaire tendent à l'y maintenir. Mais il s'y ajoute l'intérêt de l'œuvre commencée : « Je ne m'étonne pas, lui écrit l'abbé Hemmer, que tu aies refusé ou à peu près Saint-Louis-des-Français, étant donné l'œuvre qui te tient à cœur, de la jeunesse de Vienne. Les âmes dont on s'occupe, si peu qu'elles répondent à nos soins, si lentement qu'elles se transforment, prennent sur nous un bien grand empire ; et l'on ne saurait s'en séparer sans déchirement. »

C'est sans doute dans une heure comme celle-là, où il s'interrogeait sur la voie à suivre, qu'il livrait cette réflexion à un ami :

Saint Paul a eu une grâce que nous n'avons guère, nous autres, et c'est ce qui nous excuserait, si saint Paul n'était pas saint Paul, et si nous n'étions pas... ce que vous savez. Il a eu la grâce d'y voir clair, et je vous avoue tout bas que je suis un peu jaloux, pour mon compte, de cette faveur-là. Y voir clair dans les desseins du bon Dieu sur nous — que ce serait une chose précieuse ! Entendre une réponse au : *Quid me vis facere ?* — comme saint Paul l'entendit — je ne fais que désirer cela. Et si je l'entendais, il me semble que je n'aurais pas de peine ensuite à agir, à faire, selon la volonté divine. « Il me semble » : Illusion d'orgueil probablement ! Car je ne tiens guère compte hélas ! des volontés connues du Maître. Et puis, comme je dis mal ce : *Quid me vis facere ?* Tenez, c'est toute ma méditation d'hier que je vous dis là : et j'en suis presque fier, car je n'ai rien de meilleur à vous dire, tant je suis à vide, — et cela me console de penser que j'ai médité moins inutilement hier.

Peut-être Claude y voit-il plus clair qu'il ne pense, car, revenant sur la proposition de Saint-Louis, il note : « C'est plus sérieux que ça n'en a l'air : je refuse, et vraiment je souffre de refuser. Il faut que le bon Dieu me veuille en quelque endroit que j'ignore — peut-être ici — pour que je ne puisse mordre à tous les beaux gâteaux qu'il me présente ! »

L'intérêt de sa tâche s'est révélé à lui lentement, graduellement, et, presque sans qu'il s'en doute, l'a captivé ; sa famille spirituelle s'est multipliée ; les congréganistes ont répondu dans une large mesure à sa sollicitude avisée ; il a établi parmi les élèves la coutume de la visite des pauvres et du catéchisme aux enfants ; il a découvert quelques vocations ecclésiastiques ; en 1891, il a pu traiter dans un discours de distribution de prix de *La charité à l'École*, sujet qui lui tient à cœur et sur lequel il entend bien « ne point parler en vain ».

À quel point son cœur est pris maintenant, le vide de la maison pendant les vacances le lui fait sentir :

La maisonnée est vide ; nos grands corridors sont tristes et déserts ; la famille n'est plus là... Quand elle y est, on se plaint quelquefois, on se désole de faire si peu de bien et avec tant de peine ; mais quand les enfants sont partis, on les regrette presque comme s'il disparaissait quelque chose d'aimé dans notre vie. Nous sommes ainsi faits : on s'attache même aux lieux où on ne fait que passer. Et il me semble que si je quittais maintenant l'école où j'ai suivi tant d'âmes différentes, il me semble, oui, que je pleurerais.

Cependant que la volonté du bon Dieu se fasse ! Si jamais je dois être ailleurs, que le bon Dieu me montre le but et m'ouvre la voie ! Je n'ose pas m'embarquer vers l'inconnu, même avec la perspective de rendre un jour ma vie plus utile.

Il y aura bien des retours de nostalgie d'une vie moins « terre à terre » et de jours qui s'écoulent dans de moins petites besognes. Il songera alors à entreprendre certains ouvrages ; il s'entretient avec M. Jordan, professeur d'histoire à la Faculté de Rennes, d'un projet de « Vie de saint Bruno », auquel il ne sera point donné de suite ; mais au fond, il a jeté l'ancre :

Tu ne saurais croire, écrit-il, comme j'aime à voir « marcher » un ami : cela me console de mon immobilité, — qui menace de durer autant que ma vie. Comment sortir d'ici maintenant ? Il faut dire que je n'y tiens plus guère. J'ai trouvé la vie calme, et, je crois, utile qui me convient. Je vois bien des utilités plus hautes, plus générales. Mais, que veux-tu ? j'aime les certitudes immédiates. Or ici, tant que j'aurai la conviction de ne pas perdre absolument ma vie, — comme je l'ai cru naguère... l'an passé — je n'aurai aucune espèce de peine à ne pas bouger[1] !

Surtout il s'indigne à la pensée qu'il puisse être soupçonné de dédain à l'égard du travail de l'enseignement :

Reste l'idée que vous m'attribuez parfois de trouver ma besogne de professeur *insuffisante*. Là-dessus, vous vous trompez beaucoup. Je considère que d'avoir à former l'âme la plus obscure ou la moins ouverte, c'est une mission au-dessus de mes mérites et de mes forces. Je n'aspire à rien de plus : cela est assez honorable devant Dieu, et même, je crois, devant les hommes. Seulement, ce qui me plonge dans un déses-

1. Lettre à l'abbé Hemmer.

poir très réel, c'est de voir que je vieillis, — et vite depuis deux ans, — sans pouvoir rien acquérir de solide, par des lectures et des études personnelles, faites paisiblement et à loisir. Je dépense un très modeste avoir ; je ne capitalise malheureusement pas. Et voici que je deviens un socialiste *intellectuel*, avec des jalousies que je ne me connaissais point pour les « millionnaires » qui ont près d'eux des bibliothèques, des livres, des sociétés, du confort, des heures de liberté... et qui savent parce qu'ils ont le temps d'apprendre.

III

Nous avons dû nous arrêter un peu longuement à la vie intérieure de Claude, parce qu'elle nous est connue par de nombreuses lettres et qu'elle nous donne un exemple très vivant d'une abnégation persévérante, d'une immolation intérieure à la tâche que la Providence lui impose, d'une remarquable ascension vers la perfection de la vie sacerdotale.

Les accents de foi, d'amour des âmes, de tendre affection pour Notre-Seigneur, dont ses lettres sont parsemées témoignent assez de l'élévation de sa vie proprement spirituelle et de sa profonde piété. Peut-être est-il utile de glaner encore dans sa correspondance de diverses dates quelques confidences sur ce qu'il appelle son « moi spirituel ».

Il n'y a que le passé que j'aime à cause de mes souvenirs, à cause des douleurs vécues, à cause de ce que j'y trouve de Dieu, et de vous autres, mes bons amis de Paris et Saint-Sulpice ! Après tout, c'est encore le meilleur de ma vie, et peut-être aussi la part la plus utile. Car nos travaux, nos actions même ne valent pas, en résultats profitables aux autres, ce que valent nos prières... Or, à Saint-Sulpice, je priais beaucoup, certes, infiniment mieux que maintenant. Et je me désole de n'avoir plus de piété : j'appelle ainsi ce goût intérieur de la méditation, de la solitude avec Dieu qui m'était, il me semble, si naturel autrefois. Il me plaît encore beaucoup d'être seul, pour ruminer mes inquiétudes et tâcher de les dissiper. Trop rarement l'idée de m'abandonner à Dieu comme à un Père vient à mon âme en ces instants ; l'homme extérieur seul pense, combine, s'agite.

Voilà un coin du moi nouveau que les années, les circonstances, les hommes — et aussi le bon Dieu qui sait ce qu'il veut — ont formé dans le séminariste que tu as connu. Un moi nouveau ? Non ! c'est très ancien aussi qu'il faudrait dire : est-ce que je diffère beaucoup du Claude que tu as connu ? — les défauts sont restés, n'est-ce pas ? Et les bons désirs, hélas ! seraient-ils partis [1] ?

Voici avec quels sentiments chrétiens il assiste à la mort de sa grand'mère, très âgée et très aimée :

Je suis resté le plus d'heures que j'ai pu non loin de ma chère mourante : elle nous avait tant aimés pendant sa vie. Une grand'mère, surtout comme celle-là,

---

1. Lettre à l'abbé Hemmer.

c'est une autre mère pour ceux qui n'en ont plus...
Bref, je n'avais pas le goût d'écrire, après de longs
jours d'inquiétudes et de tristesses... Je ne savais que
prier, causer un peu avec mes frères. Je ne lisais
même pas. Et pourtant il fallait compter avec la mort
de cette pauvre grand'mère. A quatre-vingt-six ans
chaque heure de plus est une heure de grâce, presque
une heure inespérée. Mais ce que j'ai passé d'heures
tristes à ce chevet de mourante n'est pas demeuré
stérile. Il me semble que j'ai renouvelé ma foi dans
l'immortalité bienheureuse, en voyant combien les
passages sont faciles, doux, presque insensibles,
comme le ciel rayonne d'avance sur le visage de ceux
qui s'en vont, et jusque dans leurs moindres paroles.
Moriatur anima mea morte justorum.

C'est une séparation d'un autre genre, bien
cruelle aussi, qui s'impose à lui lorsque « le
petit frère » — le cher Frédéric — s'embarque
pour l'Angleterre, où il entre au noviciat de
la Compagnie de Jésus.

Maintenant la séparation est accomplie. Mon petit
novice a dû arriver ce matin en Angleterre. Oh! priez
bien pour lui — oui, pour lui plus que pour nous! Ici,
nous nous serrons à mesure que les vides se font. Mais
là-bas, je le sens bien, il est seul, lui qui ne nous avait
jamais quittés, — et qui nous a maintenant quittés
pour presque toujours.

Ce bon enfant a montré bien du courage : plus que
nous certainement. Je ne connais rien de semblable au
sentiment qu'on éprouve au moment du départ d'un
religieux. C'est doux et déchirant, c'est triste et très
consolant à la fois.

L'un des points de sa vie spirituelle que Claude surveille avec le plus de vigilance est relatif à l'esprit de fraternité parmi ses collègues. S'il reçoit une visite qu'il pense de nature à mettre un intérêt dans la vie de ses confrères, il les assemble volontiers dans sa chambre et les associe à l'entretien. Il travaille à s'accommoder des caractères, et, très humble, cherche plutôt en lui-même la source des difficultés de la vie commune.

Ton frère, — celui qui t'écrit — a aussi ses soucis, tout est loin d'aller comme il désire. Que de susceptibilités à ménager, de froissements à éviter, d'affaires à arranger, de caractères difficiles à supporter sans mot dire : tout cela vient évidemment de ce que mon propre caractère est loin d'être parfait ! Mais il faut qu'à tous la grâce de Dieu nous soit en aide pour que nous vivions dans la paix, uniquement occupés des âmes que la Providence nous envoie et point du tout de nous-mêmes, de nos petites idées et de nos petits désirs. Si je comprenais cela aussi bien que je le dis, je concourrais fort pour ma part à cette amélioration de la vie commune pour le bien commun.

Un enseignement au grand séminaire de Grenoble eût répondu à ses goûts et à ses désirs. C'est en termes fort humbles qu'il parle d'une éventualité de ce genre : « Une circonstance fortuite m'a fait entrevoir plus clairement que jamais la possibilité d'aborder au grand séminaire de Grenoble. Mais cela n'arrivera pas de si tôt. La barbe n'est pas assez forte à mon menton pour de si hauts emplois. »

Les qualités de son cœur croissent en proportion de son avancement dans la **paix de l'âme** et de l'abandon à Dieu :

Je n'ai pas de peine véritablement personnelle, mais je souffre beaucoup pour ceux qui souffrent à mes côtés, dans ma famille et ailleurs. Des chagrins nouveaux me viennent tous les jours, et si vous en saviez la suite, et si je ne devais pas en assombrir toutes mes correspondances en les disant, vous ne me gronderiez pas Encore une fois, rien de personnel dans toutes ces peines : tout vient de l'extérieur. A l'intérieur il me semble que Dieu me gâte toujours en me comblant d'une paix très douce et fortifiante.

IV

Les hauts et bas de sa vie intérieure ne se trahissaient aucunement dans les rapports de Claude Bouvier avec ses élèves. Nous avons rencontré dans sa correspondance l'expression du prix qu'il attachait à son devoir d'état, c'est-à-dire à sa triple mission de professeur, d'éducateur et de directeur de conscience.

Lorsque la chaire d'histoire lui eut été confiée, il s'appliqua avec une véritable **passion** à la préparation de ses cours. Sauf, tout

à fait au début, un cahier lithographié
pour aider les candidats à la préparation plus
immédiate de la seconde partie du baccalauréat, il n'écrivit pas ses leçons. Il ne fut
jamais de ces professeurs qui ont rédigé un
cours *ne varietur* et qui le répètent d'année
en année. Il continuait à s'instruire sur toute
chose, à enrichir son fonds de connaissances
par de patientes lectures, de fines observations
personnelles.

« Je suis obligé, confesse-t-il un jour à un ami,
de faire chaque année un petit travail qui
m'amène à voir et à présenter différemment
les choses à mes élèves; de la sorte j'évite
la monotonie pour moi et aussi pour eux. »

Outre ses comptes rendus de livres à la
petite revue lyonnaise du *Moniteur bibliographique*, il accepta, en 1897, de donner
régulièrement tous les trois ou quatre mois,
dans l'*Université catholique*, une « Revue
historique » où seraient présentés, groupés
par périodes, les ouvrages de publication
récente. Il y voyait l'avantage « de lire un
peu et de ne pas perdre l'habitude d'écrire ».

Prenant lui-même un vif intérêt à ce qu'il
enseignait, acquérant peu à peu la maîtrise
de son art, dans une matière qu'il dominait,
Claude intéressait prodigieusement ses
élèves, et obtenait d'eux de grands efforts

dans la préparation des compositions et des examens. Les collègues se fussent volontiers plaints, dans la semaine qui précédait les épreuves, que l'histoire retenait exclusivement l'attention des élèves au détriment des autres études.

En 1893, M. Brunet, supérieur de l'École, ayant donné sa démission, le professeur de rhétorique, M. Jail, devint chef de la maison, à la grande satisfaction de Claude qui avait pour lui affection et amitié. Le bonheur eût été sans nuages, si, par un fâcheux contre-coup de cette élévation, il n'eut dû garder un cours d'histoire et y joindre l'enseignement de la rhétorique.

La littérature n'avait pas gagné dans ses sympathies depuis le temps où il abandonnait si joyeusement la classe de seconde.

Nous en avons une preuve dans le refus qu'il opposa à l'un de ses plus chers amis de se charger des comptes rendus littéraires, à la revue du *Mois,* où il eût pris la succession de C. Aubray. Il ne fit qu'une exception en faveur de l'ouvrage de M. René Bazin, — *Le blé qui lève* — qui lui offrait l'occasion de faire ressortir des idées morales sur l'isolement[1]. Aussi, passé à l'enseignement

1. Cf. *Le Mois,* année 1908 (février), p. 237-245, art. de C. Avienne.

de la rhétorique, se considéra-t-il toujours comme un simple suppléant de la chaire, et réclama-t-il énergiquement « la fin de l'exil ». Toutefois l'exil dura dix années, pendant lesquelles il prit son mal en patience.

Des préparations écrites très soignées, des notes nombreuses, manifestent la conscience qu'il apportait à méditer les grandes lignes de ses cours, à en pousser les détails.

C'est principalement dans les années de rhétorique qu'il dut se charger de corriger les concours du mois de mai[1]. Claude fut obligé de départager en séance solennelle les jeunes concurrents, de se montrer juste mais indulgent, « critique et maman », dira-t-il un jour, et de relever les remarques de détail par l'exposé de quelques idées générales.

Les titres de ses rapports indiquent assez bien quel tour de force il accomplissait tous les ans, lorsque, prenant texte de travaux disparates et presque toujours insignifiants, il s'élevait à une théorie littéraire aussi fine et intéressante qu'instructive : *Évolution des genres à l'École* (1895); *L'effort* (1896); *La vérité en littérature* (1897); *La stérilité littéraire* (1898); *Valeur éducative des concours de mai* (1899); *L'idéal à travers les réalités*

---

1. Sur l'origine de ces concours, voir p. 35.

(1900) : *L'éveil du sens littéraire* (1901) ; *Pour-quoi des sujets religieux* (1902) ; *Malaises littéraires* (1903) ; *Utilisation des milieux* (1904) ; *Éducation sociale par la littérature* (1905).

Ceux qui ont entendu Claude lisant un de ces rapports dans la grande salle de l'École Saint-Maurice, que remplissait, ces jours-là, avec les autres professeurs et les élèves, l'élite de la société viennoise, ne l'oublieront jamais. Comment oublier, en effet, cette simplicité du ton, et en même temps cet art naturel de la diction par lequel les idées importantes prenaient tout leur relief, en même temps que les nuances les plus subtiles des sentiments apparaissaient en pleine lumière? La malice et la gaieté perçaient à chaque page, mais sans se montrer ouvertement, comme si l'orateur eût craint que l'auditoire ne s'amusât trop de ces naïvetés ou de ces grosses erreurs que l'on rencontre presque nécessairement dans un paquet de « copies » d'élèves, comme si la bonté de Claude se fût trouvée à ces passages en lutte avec son esprit. Et à la fin de la lecture, les auditeurs, qui avaient entendu vibrer tant de cordes différentes, les unes joyeuses et les autres mélancoliques, les unes indulgentes et les autres sévères, les unes fantaisistes et les autres raisonnables, éblouis de ce feu d'artifice de l'intelligence et du sentiment, se demandaient, en rentrant chez eux, ce qu'il fallait admirer le plus, de l'esprit de Claude, ou de son cœur.

Il s'attache dans ses rapports à glaner, parmi « les folles herbes » des devoirs, quelques épis solitaires où éclate un peu d' « or pâle »; puis il n'a garde d'oublier que, dans cette « leçon publique », cette « classe plus solennelle de littérature », il a une mission plus haute à remplir que de satisfaire les amours-propres en éveil. Il sème des idées, il prodigue des conseils avec une chaleur, une émotion, une délicatesse qui ravit et enthousiasme son auditoire.

Claude n'a tracé nulle part l'exposé méthodique de ses principes en matière d'instruction et d'éducation. Ils sont émis en grand nombre cependant, mais disséminés dans ses rapports sur les concours de mai. On y retrouve éparses, mais exprimées dans un style plus soutenu, les idées répandues dans sa correspondance.

S'il propose aux enfants de se former un trésor d'idées, de sentiments, d'images, d'harmonies, et pour tout dire un idéal élevé de vie et d'action, il leur recommande pour cela de ne point « suivre les sentiers bizarres, peu fréquentés, tortueux... qui ne mènent pas aux terres productives » :

On n'y rencontre pas les maîtres.

On n'y vit pas avec eux dans l'ardente communion de la Beauté. Les routes qui mettent en contact avec ce qui est grand, juste, bon et vrai sont ailleurs : cherchez-en la trace dans vos lectures, vos entretiens, vos études, surtout dans vos méditations et dans vos prières. Puis, quand vous les aurez découvertes, demandez à vos yeux de voir, à vos oreilles d'entendre, à votre intelligence de s'ouvrir aux reflets d'en-haut.

Surtout, dites-vous bien qu'il importe à la fécondité de votre vie et, plus que vous ne croyez, à la joie de votre premier éveil littéraire, de vous faire une âme recueillie et religieuse, simple et bienveillante, une âme claire, pure, affamée de vertu, très dévote enfin à Marie reine et protectrice de ces concours.

« Sanctifiez votre âme comme un temple, disait Mme Swetchine, et l'ange des hautes pensées ne dédaignera pas d'y descendre. »

Mais, dans cet élan vers l'idéal, il n'est pas nécessaire de perdre pied aux choses de ce monde... Un peu de lest dans vos nacelles vous empêchera d'aller vous perdre dans les nuages. Imagination tempérée de raison, enthousiasme soutenu par la réflexion, sens du mystère aidé du sens de la réalité, voilà ce que nous vous souhaitons comme viatique dans votre marche à l'étoile...

Il règle rapidement leur compte aux écoliers qui ne savent pas, au collège même, engager la lutte contre les réalités un peu basses qui entravent leur essor :

Entre les influences qui s'exercent au collège, une sélection s'impose... Il y a, dès cette heure, une forme très haute de lutte pour la vie, la meilleure vie... Il faut tout d'abord réagir contre l'*esprit écolier*, qui cherche à se tirer d'affaire à bon compte... Entendez ceci de certaines petites ruses, bien à tort prétendues innocentes, qui finissent toujours par se tourner contre leurs auteurs.

Autre défaut d'écolier tracé en trois lignes :

Les *façons* un peu *moutonnières*. On va au plus facile, mais on y va de concert pour s'excuser devant soi-même de ne pas faire effort; on suit les routes battues, mais avec des airs d'héroïsme, à la file, derrière un chef de bande, dont on reproduit les tics. Vous appelez cela, je crois, marcher en monôme. Le troupeau de Panurge allait aussi en monôme, et vous savez du reste quelle mésaventure lui advint.

L'engouement des écoliers et de leurs familles pour les sports ne trouve pas grâce devant Claude qui fait volontiers à l'exercice physique sa part, mais ne se montre nullement disposé à sacrifier au dieu de la mode les moyens d'éducation qui lui ont procuré à lui-même plus d'avantages encore que l'étude et la classe proprement dite : des conversations élevées où se forment les sentiments, des promenades laissant une forte impression du langage de la nature, des pierres noircies et des monuments usés par le temps.

De quel ton il félicite publiquement un de ses élèves, — c'était Henri Gourdant, un héros et une victime de la grande guerre, — pour le récit d'une de ses promenades sur les hauteurs de Pipet dominant la ville de Vienne.

Alors sans qu'il s'en doute, de la ville baignée le soir de pourpre et de brume tiède, de notre puissant Rhône qui se heurte vers le Sud à la barrière bleue des Cévennes, de l'amphithéâtre romain, de la cathédrale qui allonge sa masse énorme au pied de la colline, des églises de tous les âges où sonne l'Angélus du soir, commencent à monter pour lui les voix du passé. Il salue leur charme ; il les écoute... D'où sortent-elles ? Ce sont bien des voix vivantes ! Au milieu des ruines et des tristesses de l'heure, elles s'élèvent avec fermeté, prêchant l'espoir, la fidélité à la race, aux vertus de la race, à la foi de la race !

Ah ! Mesdames et Messieurs, cela nous est un signe, si jamais, violant au foyer même la liberté de transmettre en famille une tradition religieuse, on imposait à vos fils des doctrines mortelles à leur foi, cela nous est un signe que malgré l'effort de la haine étouffant toute voix libre, les choses elles-mêmes avec leurs symboles, les monuments avec leurs pierres noircies, finiraient par parler à notre place dans les cœurs !

Ces lignes respirent un amour de l'art et de la nature qui fut assurément chez Claude un des traits distinctifs de l'éducateur. Il ne se lasse pas de développer chez ses élèves l'amour de l'art, et l'admiration des chefs-d'œuvre.

Je déplore qu'un chrétien entre dans la vie sans savoir un mot des choses de l'art... Prenez l'art pour ce qu'il est, pour un plaisir qui crée un beau déploiement d'activité et d'énergie, pour une aspiration vers l'idéal, enfin pour une étude constante et glorieuse, qui nous arrache à nous-même, et, par d'âpres sentiers, nous conduit très agréablement à Dieu.

Il est heureux de rencontrer à Strasbourg, dans le Strasbourg d'avant la grande guerre, chez un supérieur du séminaire, l'admiration réfléchie des grandes œuvres de la littérature française et la conviction sincère de la puissance éducative qu'elles recèlent :

Et comme, soudain pessimiste, je lui détaillais tous les coups portés en France aux vieilles humanités, brusquement il m'interrompit avec une émotion intraduisible : « Ils vous ont laissé, n'est-ce pas, Corneille et Racine, Bossuet, Pascal ? Alors pourquoi vous plaignez-vous ? Vos élèves ont là de quoi se nourrir. A haute ou faible dose, ils possèdent l'aliment pur et sain qui élimine les poisons... Quand vous retournerez dans votre classe (et plus loin que la flèche du dôme, par delà les plaines d'Alsace, à perte de vue, son geste désignait la France) dites donc cela aux jeunes gens que vous élevez de la part de ceux qui les envient... Dites-leur que vos classiques, à force de bon sens, de clarté, de délicatesse en leurs analyses, de générosité en leurs aspirations, de christianisme déclaré ou latent, demeurent les meilleurs maîtres de la pensée et du langage, puisque leurs écrits sont tout imprégnés de préoccupations morales, tout pénétrés de conscience. »

Il se tut quelques secondes, puis ajouta gravement :
« C'est la perpétuelle revanche de votre génie national
contre les entreprises du vainqueur. *Graecia capta
ferum victorem cepit.* »

L'éducation doit être menée parallèlement
au collège et dans la maison paternelle. Claude
ne renonce jamais à la collaboration des pères
de famille et des mamans.

Je demanderai d'abord à vos papas de préserver le
recueillement dont vous avez besoin. C'est leur part
austère dans votre éducation, de vous garantir contre
les abus (je dis bien, les abus) de la vie extérieure :
distractions fiévreuses, relations inutiles, jeux, futilités
de toute espèce que la mode a multipliés autour de
vous. Quelles idées, quelles aspirations chez un enfant
qui tient de son entourage la permission de gaspiller
les forces grandissantes de son attention, de sa mémoire, de sa faculté de réfléchir, de juger et d'aimer?

L'éducation recueillie, d'ailleurs, n'est pas
l'éducation repliée, en chambre close, presque
aussi nuisible que l'autre. Mais à côté du
devoir de protection, il y a pour les pères à
déployer et à exercer une paternité d'âme dont
beaucoup ne s'avisent guère parce qu'ils n'en
entrevoient ni la nécessité ni les moyens.

Cette idée, Messieurs, pourra venir un jour à vos
fils, de voir autrement que vous. Mais de voir mieux
que vous, ils ne se prévaudront jamais, si, tout en
développant aujourd'hui leur initiative, vous collaborez

avec eux dès leur jeune âge à l'aide de ces perpétuelles leçons de choses dont la place est au foyer plus encore qu'à l'école, à l'aide de la lecture faite à haute voix ou du moins surveillée, expliquée en famille, à l'aide enfin de ces communications d'âme à âme, faciles, certes, entre père et enfant chrétiens, et dont les mères ne souhaitent pas, je le sais, de conserver le monopole.

Ainsi, par cet actif échange de deux pensées dont l'une monte avec ardeur quand l'autre s'incline avec amour, surtout par ce contact de deux fois religieuses qui se soutiennent mystérieusement, l'enfant est tenu en éveil, ou, pour user de la haute formule du père de famille qui a donné à la France l'auteur du *Mystère de Jésus*, l'enfant sera tenu constamment « au-dessus de son ouvrage ».

C'est ainsi qu'il vous appartient justement, Messieurs, de rappeler au sein de la famille de combien de choses concrètes, tangibles, se forme l'idéal, quelles sources de sensations fraîches, de poésie éternelle, jaillissent de l'existence de tous les jours, quand, l'ayant frappée au point qu'il faut, comme le rocher d'Aaron, on finit par sentir « le frisson de l'eau vive à travers la pierre dure et ingrate ». Le poète l'a dit : l'estime de la tâche commune, de

> La vie humble, aux travaux ennuyeux et faciles,
> Est une œuvre de choix qui veut beaucoup d'amour.

Les conférences sur l'*Éducation religieuse*, prêchées aux mères chrétiennes et devenues par leur publication des messagères d'idéal à travers toute la France, contiennent l'ample programme proposé aux mères de famille pour leur tâche propre dans l'éducation de leurs enfants.

C'est en 1902 seulement que les vœux de Claude furent exaucés et qu'il revint pour ne plus l'abandonner à l'enseignement exclusif de l'histoire et à celui de l'instruction religieuse des grands élèves. Il avait fait le catéchisme des petits pendant plusieurs années. Ce fut avec une joie profonde qu'il reçut la mission de fortifier la foi des jeunes gens par une instruction appropriée à leurs besoins. Il y était préparé par des lectures étendues, son attention avisée au mouvement des études, sa connaissance très réfléchie des aspirations des jeunes gens. Dès 1892, il écrivait :

Ici nos jeunes rhétoriciens, nos philosophes viennent parfois me trouver, quand une crise quelconque les arrache à leur naturelle indifférence ; ils savent que M. X. et moi, nous nous tenons *un peu* au courant des idées nouvelles, des controverses les plus récentes. Et alors c'est pitié de voir que, sans érudition aucune, sans la moindre connaissance des écrits de nos derniers sceptiques, leurs doutes vont plus loin que les réfutations banales. D'instinct — et c'est terrible cela — ils sont d'accord avec le siècle. Cela vient de la famille, de l'éducation, des relations, des causeries habituelles de société, de tout ce que tu voudras enfin. Et quand on leur a répondu, quand on leur a fait voir *un peu plus clair*, on se désespère à penser que demain, tout ce travail sera à recommencer, parce que tels sont les raffinements précoces de ces pauvres enfants qu'ils en viennent à se persuader que l'état de doute est presque un devoir de conscience.

Non! ces cas ne sont pas fréquents ; mais ils existent, ils se voient : les passions, la fierté de l'esprit ne les expliquent pas tous complètement. C'est un beau travail, en de pareilles circonstances, que de rasséréner de jeunes esprits.

Le moment était venu qu'il prévoyait alors d'aborder avec les jeunes gens l'étude de l'apologétique, de la vie de Jésus-Christ, de l'Eglise, qui furent en effet les sujets principaux de ses cours. Il ne se répétait jamais entièrement, mais renouvelait son enseignement par quelque côté chaque fois qu'il le reprenait.

Au commencement ou à la fin des années scolaires, il traitait ce qu'un professeur de Saint-Sulpice appelait des « *feuilletons* », soit des questions du jour. Ainsi, par exemple, au moment de la discussion de la loi de Séparation, *les rapports de l'Église et de l'État;* et, au début de l'année scolaire 1914, un mois avant sa mort, *l'Église et la guerre.*

Du charme que subissaient les disciples qui recevaient alors son enseignement si riche en sa maturité, nous pouvons demander le témoignage à ses élèves :

« Avec quelle ardeur, il nous faisait ses cours. Comme les heures de classe passaient vite lorsque c'était lui qui occupait la chaire et qu'il nous exposait lumineusement les preuves morales de l'existence de Dieu, ou qu'il brossait largement le portrait d'un Pierre le Grand ou d'un Joseph d'Autriche. Nous écrivions fébrilement, prenant le plus de notes possible pour garder sa merveilleuse enveloppe à la pensée du Maître. Tous, nous étions unanimes à dire que son cours d'instruction religieuse et son cours sur Pascal, pour ne citer que ceux-là, étaient de purs chefs-d'œuvre. J'ai conservé précieusement les cahiers où j'ai le plus fidèlement noté ses cours; je considère ces feuillets comme des reliques. »

Le sérieux que Claude apportait dans la considération de ses devoirs professionnels, est tout à fait impressionnant dans ses notes de retraite où il examine ce qu'il doit tenter pour veiller sur « l'énervement » qui le gagne, pour correspondre « à l'état particulier de la classe et de chaque élève », pour « parler à chacun de ce qui peut l'*élever* », pour « ne jamais désespérer de l'âme de *tel* ou *tel* ».

Les menaces qui vers 1903 et 1904 pesèrent sur l'enseignement libre avaient remué chez lui une fibre profonde :

L'idée que cette année est peut-être la dernière de l'enseignement libre, et qu'il importe de mieux remplir que jamais nos devoirs d'état, sera un puissant motif d'agir le plus parfaitement possible (Note de retraite de 1903).

Quelque temps auparavant, il avait écrit à son ami :

Il faut nous souhaiter, cher Hippolyte, de garder quelque temps encore nos élèves. Depuis deux ans, je ne désespère plus de faire de quelques-uns d'assez solides chrétiens qui seront en même temps gens intelligents. Nous en avons envoyé quelques-uns à Paris qui n'y ont point fait trop mauvaise figure de catholiques.

Pour peindre les épreuves de toute sorte qui alourdirent la tâche du professeur, il faut noter les misères physiques qui, à partir de 1897, lui rendirent le travail souvent très difficile. Ce furent d'abord des vertiges qui l'obligèrent à renoncer pendant plusieurs années aux succès et aux joies apostoliques de ses prédications. Des insomnies et toutes sortes de malaises, « idées sombres, anémie, somnolence intellectuelle, excitabilité nerveuse », suites ordinaires de l'excès de travail et du surmenage, l'obligèrent à essayer de divers traitements. Lui-même indique à son ami un remède de sa façon, où se retrouve, parmi les petites préoccupations des recettes médicales, le profond esprit de foi qui l'anime et le soutient dans les périodes de dépression :

Tu paraissais nerveux, inquiet, passablement porté
au noir. Je connais si bien cet état-là que j'ai dû
apprendre pour moi-même le traitement. Il est vrai
que je ne l'applique pas, — du moins dans toutes ses
parties. Du biphosphate et des douches : mais tu uses
déjà de cela, comme moi ! La campagne : tu en uses
plus que moi — qui suis allé visiter Marseille en
guise d'excursion aux champs ! — Eh bien, sans rire,
il y a autre chose qui me fait beaucoup plus d'effet que
la campagne, les douches et le biphosphate. Et la
preuve en est que je vais beaucoup mieux que l'an
passé, quand tu vins — certaine nuit — me remonter
si amicalement. Oui, malgré un travail acharné à cent
besognes, je vais relativement bien en ce moment,
grâce :

1° A des cures de sommeil, pratiquées de temps en
temps, quand j'ai eu un surcroît de préoccupations et
de travail.

2° A des liquidations de travail résolument opérées
de mois en mois, en dépit de Monsieur un tel et de
Monsieur un tel... Dès que je sens que les besognes
s'accumulent, je compte celles qui sont indispensables
et je les abats, fût-ce au prix d'un surcroît momentané
de fatigue. Les autres, je les supprime, quoi qu'il m'en
coûte. Et je passe cinq ou six jours à ne penser à rien,
ou à lire des choses très intéressantes comme une tra-
gédie de Racine.

3° A des retraites d'un ou deux jours... Cette médi-
cation va te paraître curieuse : la valériane, la paresse
et les retraites, cela est tout à fait incohérent et je
rougis de te proposer cela. Mais il est bien certain
qu'une retraite, c'est-à-dire un peu de recueillement
devant le bon Dieu, corrobore l'effet de la valériane,
du sommeil, des lectures délassantes et de la sainte
paresse. On se dit, dans ces retraites, qu'après tout un

prêtre est surtout créé et mis au monde pour imiter Notre-Seigneur qui fut très doux, très patient, très bon pour les autres et très dur pour lui. Et alors, on veille d'un peu plus près sur ses impressions, sur son irritabilité, sur ses inclinations à juger mal du pauvre monde où nous vivons et où le bien domine sûrement le mal. Et je suis à peu près sûr qu'il y a des jours où cette pensée-là est meilleure que la valériane. Peut-être plusieurs de nos maladies ne sont-elles que le signe d'une faiblesse spirituelle en train de s'accentuer ?

— Les médecins disent sans doute le contraire : ils flattent notre amour-propre en attribuant nos défauts aux misères corporelles qui nous troublent. Ils n'ont peut-être pas tort. Mais il est sage de ne pas toujours les croire.

Après cette consultation, le Docteur Claude s'arrête et passe à un autre sujet.

Les vacances dans les premières années avaient été plus laborieuses peut-être qu'il ne convenait pour un homme surmené : répétitions « qu'on ne peut refuser », préparation éloignée des cours, expédition de travaux en retard, visites de la famille un peu négligée pendant l'année. Mais avec le temps il apparut à Claude que la distraction et le repos devenaient de plus en plus indispensables. C'est à La Louvesc qu'il va de préférence. Ce lieu de pèlerinage situé dans les montagnes de l'Ardèche et sanctifié par la mort de saint François Régis lui plaisait : cure d'air et cure d'âme, il y pratiquait l'une et l'autre comme le donne à entendre le titre de la charmante fantaisie publiée sous la signature de Claude Avienne dans *la Croix illustrée.*

Il place volontiers quelques pèlerinages dans ces itinéraires : Lourdes, La Salette, Rocamadour. De Rocamadour, il décoche à son ami quelques malices :

Que te dire de mon voyage? J'en ai fait presque un pèlerinage et dans bien des sanctuaires que j'ai rencontrés sur mon chemin, j'ai prié pour toi. Je suis allé à Notre-Dame de Rocamadour dont j'ai gardé le meilleur souvenir : c'est très naïf et très pittoresque, ce coin de la vieille France. Les traditions populaires y abondent et on n'a pas de peine à y croire de tout son cœur. L'épée de Roland[1] est enfoncée jusqu'à la garde dans le rocher du sanctuaire; c'est très authentique : on peut la toucher. Il y a aussi une vieille cloche devant l'autel : à chaque miracle nouveau, d'elle-même, dit-on, elle se mettait à sonner. On m'a montré aussi la grotte de Zachée qui est venu habiter là; ses reliques sont conservées dans un petit cercueil : *statura pusillus erat...* Oh! si tu savais comme je me suis mis à genoux dans la petite chapelle, devant les restes du bon Zachée, et avec quelle ardeur j'ai fait une prière pour M. Duchesne et pour toi[2].

1. Ni Claude, ni son correspondant, l'abbé Hemmer, n'ignoraient qu'il s'agissait d'un simple simulacre de cette épée.

2. Les moindres riens sont gentiment narrés dans ses lettres de vacances : « Un bon mot que j'entendais chez les X.

« Rirey (âge 4 ans et demi) un des jeunes qui poussent dans cette abondante famille, consulte son père :

— Papa! le mot « F.... » est-il convenable?

En 1893, un voyage en Suisse ne lui laisse qu'un bon souvenir, celui d'une rencontre à Thoune avec son ami :

Très poétique et très vivant souvenir, celui-là... Je vois encore ton air grave et ta barbe solennelle... Que de fois nous nous sommes accompagnés et réaccompagnés, comme s'il était impossible de se quitter, après avoir mis si longtemps à se retrouver !

Rien ne s'efface en ma mémoire de ces trois bonnes journées. Un peu de brume mélancolique enveloppe seulement, ce soir, ces chers entretiens et le décor où il me semble toujours les entendre... Rien ne me reste de cette Suisse que j'ai traversée ensuite à la vapeur, pour la troisième fois ; rien, si ce n'est ce coin du lac de Thoune où nous avons canoté, et puis, quelques paysages des Quatre-Cantons, quelques tableaux d'Einsiedeln et de Saint-Maurice. Il m'a semblé que la Suisse était plus triste, plus artificielle, plus abandonnée que jamais. Il y avait dix ans que je ne l'avais revue. C'étaient autrefois les Anglais qui me l'avaient gâtée ; ç'a été cette fois les Allemands. Ils pullulent un peu partout, et surtout dans le Centre et l'Est.

C'est vers la fin de cette première période de sa vie de professeur que Claude perdit à Vienne un vieil ami de sa famille, le peintre Pilliard, qui était venu demander à sa

— Le père : très laid, Rirey, atroce, ne répète jamais ça.
« Le lendemain, à table, le père furieux contre un client lâche le mot atroce. Rirey, ne sachant que penser, penche la tête vers son assiette. La mère, alors, pour sauver la situation : « Tu vois, Rirey, tu as appris un vilain mot à ton père. »

ville natale le repos de ses dernières années. Claude sentait vivement le charme de cet esprit primesautier, de sa passion pour l'art, de la vigueur de sa foi, de son enthousiasme junévile et de sa bonhomie malicieuse. Avec la peinture, Rome avait été la grande passion de M. Pilliard. Il y était venu à vingt ans, à la découverte des grandes œuvres et des grands maîtres ; il y reçut la révélation de la beauté, il y retrouva la foi ; il perdit jusqu'à la pensée de quitter la Ville Éternelle. Son atelier était bien connu des Français que Rome attirait. Parmi ces visiteurs amis, l'un des plus intimes fut Louis Veuillot, sorti comme Pilliard de souche populaire, comme lui prompt à l'ironie, vif en ses reparties, tranchant en son propos, ardent à la défense de l'Église.

Quand Veuillot était à Rome, les deux amis s'offraient de véritables fêtes de conversation... Quand on avait assez causé à l'atelier, on allait avec délices flâner à travers Rome. Veuillot et Pilliard en aimaient toutes choses : les églises et les musées, les trésors d'art et le faste des cérémonies, le pittoresque populaire des ruelles tortueuses et la majesté triste de la campagne romaine. De ce culte de la Ville Éternelle est sorti un livre admirable, un des chefs-d'œuvre assurément de Veuillot : le *Parfum de Rome*. Ici, l'ami joua le rôle caché, mais efficace, d'un collaborateur. Maints chapitres, et non des moins beaux, furent parlés pendant ces longues promenades. Le « peintre », c'est Pilliard ; et l'écho de ses conversations est, paraît-il, reconnaissable en plus d'un passage. Dans les *Odeurs de Paris*, le paradoxe sur la « suprématie des peuples sales » est encore un thème de Pilliard, illustré par la virtuosité de Veuillot. Œuvre collective aussi l'inoubliable Coquelet, ce type définitif de la sottise contemporaine, proche parent de M. Homais, et plus creusé peut-être que la vigoureuse, mais sommaire esquisse de Flaubert. Les deux amis le connaissaient bien. A Rome, ils l'avaient rencontré, promenant sa vanité sonore du Colisée aux Catacombes[1]!

Lorsqu'après cinquante ans de séjour à Rome, Pilliard avait fermé son atelier, il était venu prendre ses quartiers à Vienne où il avait ses souvenirs d'enfance, et de précieuses relations. Claude avait toujours ressenti de l'admiration pour l'œuvre littéraire de Veuillot et il prenait volontiers le chemin de l'atelier du peintre; il s'amusait d'une verve demeurée vive et spirituelle, et il réjouissait par ses visites la vieillesse d'un artiste tendrement aimé. C'est de la confiance de Pilliard qu'il tenait un certain nombre de lettres de Louis Veuillot et toute une correspondance de Mlle Élise Veuillot. Il s'en servit pour écrire en collaboration avec M. Jules Bouvier, une vie de Pilliard, qui dépasse en intérêt la portée d'une simple notice commémorative[2].

1. AGUETTANT, *Université catholique* de Lyon.
2. Claude et Jules BOUVIER, *Le peintre Jacques Pilliard*. E. J. Savigné, Vienne.

Pilliard mourut le 9 avril 1898 :

Notre bon Pilliard, écrit Claude, est donc mort à 87 ans, comme un bon patriarche, le samedi saint au moment où les cloches sonnaient le *Regina Caeli*. Le matin il avait reçu l'Extrême-Onction et nous avait embrassés et bénis comme ses enfants. Le soir j'étais retourné vers lui, deux heures avant sa mort ; c'est en lui tenant la main que j'ai récité près de son lit les Matines de Pâques avec une indicible émotion. La joie de l'Église éloignait de cette agonie les pensées tristes et remplissait l'âme d'une joyeuse espérance.

Après la mort de l'ami, celle du père vint bientôt éprouver Claude et lui donner la tâche et le souci d'un chef de famille. Depuis que M. Bouvier s'était retiré des affaires, les soucis matériels s'étaient dissipés, mais, passé les soixante-dix ans, la santé déclinait de plus en plus, et Claude faisait part de ses craintes :

Mon bon père devient de plus en plus chrétien à mesure que l'âge augmente (soixante et onze ans bientôt) et que l'heure approche. Là est la joie et en même temps l'angoisse. Je crains toujours, à cause de son ancienne attaque (il y a seize ans), quelque brusque surprise de la mort. Heureusement j'ai de de plus en plus la confiance que le bon Dieu le trouvera préparé à sa visite. Mais chez moi la nature se révolte déjà à l'idée un peu obsédante de cette inévitable séparation. Et il me semble alors que je n'ai eu ni assez de tendresse ni assez de reconnaissance pour ce pauvre cœur qui m'a tant donné, qui a vécu pour nous ses enfants, et pour nous seuls, tant de dures épreuves.

La visite de la mort fut en effet brusque et rapide. Un soir que le malade se mettait au lit, après avoir terminé son chapelet et sa prière, il dit à sa fille : « Qu'est-ce donc que j'ai ce soir ? Quelle mauvaise nuit je vais te faire passer, pauvre petite ? » Presque aussitôt il perdit connaissance. La vie ne résistait plus chez lui. Une hémorragie cérébrale provoquée par un état de faiblesse croissante, l'emporta sans qu'on eût le temps de lui donner les derniers sacrements.

Claude, racontant cette mort à son ami, ajoutait :

Tu as su nos consolations religieuses : ces Pâques providentiellement retardées, et faites à l'église trois jours auparavant... Je ne te les redis que pour te demander de remercier le bon Dieu avec nous ! Pense donc ! quelle tristesse si ce bon et généreux chrétien qui avait tant souffert, n'eût pas reçu dès ici-bas ce gage de la paix et de la résurrection qu'est la divine Eucharistie !... Je n'y puis penser sans que des larmes de reconnaissance me montent aux yeux pour ce bienfait signalé : une mort subite comme celle-là, pouvait se produire en tant d'autres circonstances moins rassurantes...

... Les obsèques ont été, je puis le dire, une manifestation admirable en l'honneur de notre pauvre mort[1].

Le père disparu, Claude dut prendre des

1. Lettre à l'abbé Hemmer.

mesures de frère aîné, s'inquiéter de la santé
de sa sœur qu'il emmena dans l'air pur et
reposant de La Louvesc, puis s'ingénier à
combler auprès d'elle le vide qui s'était produit
dans sa vie. Lui-même trouve un dérivatif à
ses inquiétudes de santé, en alternant avec son
frère pour aller trouver à la maison, tantôt
pour le repas de midi, tantôt pour les dernières
heures du soir, la « bonne et douce petite
sœur qui est bien triste, mais tout de même
si chrétiennement courageuse. Et si le bon
Dieu, dit-il, veut lui rendre un peu de santé
et de joie, il me semble qu'en assistant à ce
réveil, je sentirai moi-même que je vais mieux,
et j'aurai plus de force pour achever ma tâche
ici. »

A diverses reprises, la tâche de Claude avait
paru devoir s'élargir. La revue critique des
livres dans l'*Université Catholique*, ne passait
pas inaperçue. Un prêtre dauphinois, latiniste
de haute culture, M. l'abbé Devaux, plus tard
recteur des Facultés catholiques de Lyon, avait
conçu le dessein de faire confier à Claude
l'enseignement de l'histoire ecclésiastique à
la Faculté de théologie. Pour s'y préparer,
le futur professeur passerait ce qu'on appelait le grand doctorat ; un travail sur Le Franc
de Pompignan serait le sujet de sa thèse.

Le dessein n'aboutit pas. Les troubles de

santé y apportèrent sans doute le principal obstacle.

Homme de conscience avant tout, Claude estimait se devoir à sa classe, à sa congrégation, à ses enfants spirituels. Dans l'impossibilité où il se trouvait d'assurer encore un travail supplémentaire, il se détourna, sans trop de peine, de la perspective entrevue. L'occasion passée ne se représenta plus.

Claude n'en éprouva ni regret ni déception. La tâche ayant été un peu allégée à partir de 1902, le temps qu'il économisait parcimonieusement fut consacré aux quelques publications qui ont plus particulièrement occupé les années suivantes.

CHAPITRE VII

LE DIRECTEUR DE JEUNES GENS
ET SON ZÈLE
POUR LES VOCATIONS ECCLÉSIASTIQUES

Sommaire : I. Le ministère de la direction individuelle des enfants. — II. La direction de la Congrégation ; les écoliers en vacances. — III. Les grands jeunes gens. « Comment un catholique entre dans la vie. » Rôle de l'amitié. — IV. Les vocations ecclésiastiques. — V. Après l'école.

L'aversion du professeur pour la pure étude des formes littéraires, sa préférence décidée pour l'enseignement où l'on manie les idées — histoire et philosophie, — sont révélatrices de l'aptitude supérieure qu'il montrera dans la formation des âmes. Dans sa pensée, les classes n'ont pas pour seul objet d'instruire, mais aussi de faire éclore dans les âmes un attachement au vrai et au bien qui les conduira à Dieu. A plus forte raison, sera-t-il séduit par le ministère de la direction où nul empêchement extérieur ne vient s'interposer entre l'âme du prêtre et celle du jeune homme. Ce qui l'a conquis plus que tout le reste et retenu dans son école, c'est le charme secret de la beauté intérieure des jeunes âmes qui, de jour en jour plus nombreuses, se confient à ses soins : « Ce qui m'occupe encore le plus, écrira-t-il, ce sont plusieurs petites âmes de 13, 14 et 15 ans, qui me font blanchir les cheveux plus qu'elles ne pensent et que vous ne croiriez. »

Il est très averti de l'extrême variété des âmes qui se rencontrent, même dans un petit bercail d'une cinquantaine de pénitents (presque la moitié de l'effectif des collégiens) : âmes obscures à rendre claires à elles-mêmes et à leur directeur, esprits inattentifs, qu'il faut secouer, âmes bonnes mais fuyantes sur qui glissent tous les conseils. « Comment réveiller les endormis, les assoupis dans le mal? Et ceux qui ne se défient pas assez de leurs cœurs, comment les traiteriez-vous ? Et ceux que le mal atteint à de longs intervalles, et qui luttent mais qui, brusquement, retombent de tout le poids de la nature vers la terre, suivant les rencontres des congés ou des vacances, avec de la honte, des regrets vifs, mélangés d'insouciance et d'impassibilité...? »

Ayant très vif le sentiment de la grandeur et des difficultés de la tâche, il s'inquiète aisément de ses aptitudes à l'accomplir :

> Je suis très alarmé, en ce moment de cette responsabilité spirituelle : les âmes sont trop complexes, elles nous échappent trop pour qu'on puisse espérer leur faire du bien sérieusement. Souvent on marche dans les ténèbres, ou à tâtons ; et c'est très triste quand on songe que des âmes s'attiédissent, ou s'abaissent, ou s'annihilent, là, à côté de vous, sans qu'on puisse rien, peut-être à cause de vous.

Dans sa correspondance, il revient à plusieurs reprises sur les âmes qu'il appelle « obscures » et qui lui causaient de grandes anxiétés :

> Ah ! si vous pouviez me communiquer vos observations sur la manière de traiter les âmes obscures (j'entends obscures à elles-mêmes et au prochain), vous me rendriez un fameux service. C'est un problème de pédagogie intime qui me préoccupe fort en ce moment ; car, plus je vais, plus je vois que nos recettes trop vagues, trop générales, n'ont rien d'efficace pour un très grand nombre d'esprits et surtout de consciences qui échappent à tous les remèdes usités. On ne nous enseigne et l'expérience des moralistes n'atteint que les cas très clairs, trop logiques dans leurs causes. Comme il faudrait qu'on pût disserter longuement à loisir, entre intimes, entre directeurs de consciences d'enfants et de jeunes gens, de cette complexité des caractères, des vertus, des défauts... Nous ferons cela quelque jour, n'est-ce pas ?

Une attention si soutenue aux différences des tempéraments spirituels le prédisposait à pénétrer les natures particulières, à gagner les cœurs réservés, à faire le siège des plus farouches. Les jeunes gens ne résistaient guère à la sympathie affectueuse dont ils se sentaient enveloppés : « Ma chambre, écrit-il un jour, ne désemplit pas de jeunes visiteurs qui viennent faire soigner leur âme. » De ceux qui venaient ainsi, soit lui demander l'absolution de leurs fautes, soit l'entretenir de leurs aspirations, de leurs ennuis, de leurs misères morales, l'on peut penser, conformément à la parole de l'Écriture que plus tard, au ciel, beaucoup célébreront sa sagesse. *Multi collaudabunt sapientiam ejus.*

Avec une abnégation bien méritoire chez un travailleur tel que lui, il se prêtait aux conversations qui morcelaient son temps, souverainement patient avec les petites âmes maladroites enfermées dans un mutisme dont elles ne savaient point sortir, désireuses pourtant d'être aimables ou secourues, sans bien savoir comment s'y prendre pour cela. Il essayait sans se lasser de divers traitements pour remédier « à la mollesse, à la banalité, à l'insignifiance, à la brutalité même de plusieurs ». Il était la bonté même, écrivaient ses anciens pénitents après sa mort. Parfois il les écoutait se tenant debout devant son bureau ; plus souvent il s'asseyait à côté d'eux, et accentuait d'un geste affectueux une remontrance, un pressant conseil. La sévérité lui coûtait beaucoup. Il la promettait cependant, et la témoignait quand c'était utile. Il écrit à une mère anxieuse des progrès de son fils :

Je lui ai déjà annoncé, — je lui promettrai à son prochain départ pour les vacances avec plus de clarté encore — une seule chose : c'est d'être sévère, pour lui..... Mais ne vous inquiétez pas, Madame, cette sévérité dont J. a besoin, J. doit savoir qu'elle partira d'un cœur qui lui est extrêmement dévoué. C'est une des bénédictions attachées à la vocation sacerdotale et au ministère de l'enseignement que Dieu nous donne mieux que des élèves, des fils ! Je n'oublierai jamais aux jours de sévérité que je prévois nécessaires, que l'âme de J. est une de celles que Notre-Seigneur a liées à mon âme de prêtre d'une façon très étroite et très chère. Je puiserai dans ma très grande affection la force d'être aussi exigeant qu'il faut l'être pour une âme qui doit être haute et grande, comme c'est la tradition parmi les siens.

Aux élèves, momentanément éloignés de lui, il continuait le secours de son affection et de ses conseils. Aucune lettre n'était laissée sans réponse, et sans longue réponse. Dans cette correspondance, il savait parler aux enfants et aux jeunes gens le langage capable de les gagner. De ces lettres, citons en une presque entière, comme modèle du genre :

Vienne, 16 août 1912.

MON CHER ENFANT,

. . . .

Ceci réglé, je vous plains d'être suivi à la campagne
par cette ennuyeuse et perpétuelle pluie qui vous empêche de vivre au grand air. Mais je ne vous plains
qu'à moitié. Le bon air pénètre même dans les
chambres closes quand on vit aux champs... Et comme
on est bien forcé de se distraire, on prend goût aux
livres, un goût que vous avez peu, je crois, un goût
qui est cependant de votre âge, et qui convient à votre
nature inquiète, car il occupe, apaise, distrait, nourrit
l'âme d'autres idées que les idées habituelles... Puisque
Maman a emporté pour vous *Les Oberlé,* lisez ce beau
livre. Ce sera un bon entraînement. Et ensuite lisez
autre chose encore, sans hâte de finir, avec la joie de
bien comprendre et d'aimer ce que vous lisez ; c'est
excellent pour « un humaniste ».

Car M. C. est un « humaniste ». C'est de ce titre
pompeux qu'on saluait autrefois les élèves de Seconde.
Dressez votre petit frère à respecter en vous un si
noble personnage. Vous l'appellerez, vous : Monsieur
le Huitième, pour échanger des politesses (ce qui vaudra toujours mieux que d'échanger des taloches).

Puis, afin de vous donner la dignité et l'importance
qui sied à un « grand », tâchez de devenir un « gros ».
Remplumez-vous hardiment ! Si Don Quichotte avait
engraissé, comme Sancho Pança, il aurait peut-être
abandonné ses lubies et songes creux... Je suis persuadé qu'à cet accroissement de santé correspondra
un gros progrès spirituel. D'ailleurs la sanctification
n'y perdra rien. Et si jamais l'on vous canonise, nous
aurons plus de reliques à nous partager...

Donc laissez-vous bien soigner par Maman, et ne regimbez contre rien de ce qu'elle vous proposera pour vous aider à progresser en large plutôt qu'en long. Même si elle vous propose de l'huile de foie de morue, dites héroïquement : « *Maman, j'adore l'huile de foie de morue !* » Mais elle n'ira peut-être pas jusque-là, et se contentera de vous imposer les beaux œufs des poules de la Combe d'Hère.

Oui, laissez-vous soigner, mais pas gâter. Un peu d'énergie pour vous lever, non pas très matin, mais dès que vous êtes sérieusement réveillé... Un peu d'énergie pour aller quelquefois le matin, à la messe, communier. C'est peut-être loin, l'église ! Mais on part joyeusement, avec un bout de chocolat dans sa poche, pour ne pas trop retarder le déjeuner après les dévotions. Et l'air de la campagne est, le matin, si pur, si nourrissant, si calmant... Et puis rapporter le bon Dieu dans son cœur, parmi tous ceux qu'on aime... Lui dire : « Mon Dieu, je vous aime mieux que mon repos, que tous mes soucis sur lesquels je passe pour vous posséder quand même... Mon Dieu, je vous aime mieux que tous mes péchés, puisque c'est pour les éviter plus efficacement, que je vous demande le remède et la force... » Quelle simple et bonne prière à faire le long des champs, avec la joie, l'innocence et la légèreté des petits oiseaux qui chantent dans les haies. Et puis, ne pas trop penser à la veille, au lendemain : toujours comme des petits oiseaux dont l'Évangile nous dit d'avoir la simplicité et la confiance : à chaque jour suffit sa peine et sa grâce !

D'ailleurs vous avez une bicyclette qui vous permet d'aller aisément à l'église et de filer vers le bon Dieu. Sautez du moins sur vos deux longues jambes qui abrègent les espaces, telles les bottes de sept lieues.

Et quand vraiment c'est impossible d'aller vers le

bon Dieu, faites de votre chambre une vraie chapelle
où vous appellerez à vous la contrition vraie, le pardon, l'amour de Jésus, son secours, sa présence qui
rassure plus qu'elle n'effraie.

Je pense que vous avez trouvé à peu de distance de
chez vos parents un prêtre — vieux curé ou jeune
vicaire — à qui vous aurez dit : « Dites-moi, je vous
prie, quel jour, à quelles heures on peut vous trouver...
Rappelez-moi mes communions si je les oublie...»

Aujourd'hui, j'ai été de loin celui-là. Je voudrais bien
l'être plus souvent. Mais il est bon que vous voliez de
vos propres ailes, que vous preniez l'habitude de les
essayer avec confiance, que vous sachiez les réparer
de vous-même si elles cassent. Rappelez quelquefois à
la sainte Vierge que vous êtes son enfant et que vous
avez un titre à ce qu'elle vous conduise et vous sou-
tienne.

Après cette longue lettre, il faut tout de même se
quitter. J'ai voulu vous donner l'exemple... Écrivez-
moi donc bientôt en passant un peu en revue votre
journée... Les vieux professeurs, comme je suis, ont
besoin d'être distraits par le récit de vos ébats et de vos
joies...

Puis remettez à votre frère quelques-uns des timbres-
poste ci-joints, en lui disant « mon respect ». Ajoutez
— c'est prudent — que je lui tirerai non moins respectueusement les oreilles au retour des vacances, s'il est
sot, mais que je ne puis même imaginer qu'il le soit...

II

Au soin individuel des âmes, l'abbé Claude
joignait autant que possible l'action collective

sur les parents et sur les groupements de jeunesse. Sachant toute l'importance du milieu scolaire pour les enfants, il souffrait cruellement lorsque les individualités supérieures lui paraissaient manquer au collège, et il avait à cœur de former une élite capable d'entraîner et de maintenir les autres à un niveau plus élevé. Dès la seconde année de son professorat, il acceptait, avec une joie non dissimulée, la charge de diriger « la Congrégation ». Il aimait d'un amour de préférence ce groupement auquel il avait appartenu tandis qu'il étudiait au collège et dont il avait tiré personnellement un grand bien. Il défendait « sa Congrégation » contre les oppositions, et les attaques sournoises, demandant l'indulgence pour ses enfants qui n'étaient pas encore des saints, mais se mettaient en voie de le devenir. Il la recrutait avec zèle, préoccupé d'y appeler des âmes timides, craintives, mais pleines de promesses. Il écrit à un enfant qui se décidait enfin à solliciter son admission :

Venons à vous, cher enfant, j'aime beaucoup que vous ayez signé : *approbaniste*. Cela me fait oublier les petites résistances que vous opposiez, je ne sais trop pourquoi, à la Sainte Vierge, quand elle vous *demandait*. Vous aviez l'air de croire que c'était une canonisation ou une béatification que l'entrée à la Congrégation... Oh! non, et je n'ignorais pas que mon ami P. ne méritait pas encore une auréole. Mais ce que je devinais, c'est qu'il avait grand besoin, à certaines heures, d'être soutenu par d'autres encouragements, *plus puissants que les nôtres*, ceux d'une puissance très tendre et très maternelle, sans doute, mais très énergique aussi. Voilà pourquoi je vous ai poussé entre les bras et sur le cœur de la Sainte Vierge.

Il mettait un soin extrême à préparer les allocutions dans le genre familier où il excellait, et qu'il adressait chaque semaine à ses congréganistes sur les thèmes les plus divers : Journée chrétienne d'un élève, — Conscience, — Sacrements.... Ses rédactions et ses plans remplissent plusieurs cahiers et dénotent une rare connaissance de la tournure d'esprit et des habitudes d'âme du petit monde qui formait son auditoire.

Œuvre d'édification et de préservation d'abord, la Congrégation dans la pensée de son directeur devait aussi aboutir à la formation d'une élite qui fournirait aux élèves du collège un choix de conducteurs, pour ne pas dire de meneurs. Le congréganiste selon son cœur doit ambitionner de faire du bien à ses camarades, de collaborer à la bonne marche de la maison, par les exemples sans doute, mais aussi par la parole, par des avis amicaux, intelligents, désintéressés. Même les anciens élèves doivent agir du dehors sur leurs camarades, surtout lorque des examens heureux ou l'entrée dans une grande école ont assuré leur prestige. C'est ainsi qu'il écrit à un ancien préfet de la Congrégation :

Votre ami, dont j'ai énergiquement tiré les oreilles, passe pour l'un des meilleurs : ce serait un de nos « personnages influents » s'il était plus âgé et moins étourdi. Si je le décide à vous écrire, vous ferez bien de lui donner des conseils... Des conseils qui viennent de Paris, ça n'a pas de prix : vous en « bourrerez » fort habilement votre réponse. Je compte bien aussi que vous n'aurez pas la modestie de taire vos succès : il est très important qu'un jeune chrétien soit « respecté » de ses amis. Et si vous attribuez au bon Dieu, à vos communions, à la protection de la sainte Vierge, la plus grande partie de vos victoires scolaires, il est probable que votre correspondant sera édifié et réfléchira.

Vous me pardonnerez de vous indiquer toute cette stratégie. Si vous en avez l'occasion, employez-la avec d'autres anciens condisciples : vous remplirez ainsi, même après être sorti de charge, vos devoirs de préfet.

Je viens de parler de P., votre grandissime ami... Il est très positif que le voilà dans ma manche, dans cette manche où vous fûtes. De temps en temps, je reçois sa visite. J'ai été admis à sonder les arcanes du fameux carnet, mais après combien de cérémonies, de précautions de toutes sortes, vous l'imaginez sans peine. Toujours est-il que les Mémoires de P. n'ont plus de secret pour moi; il faut vous dire aussi que votre ami n'est pas un océan de malice et un abîme de noirceur, et qu'on peut très bien le connaître, bon, pieux et sage, mais timide, un peu inquiet, un peu défiant,

sans avoir ouï les silencieuses confidences du carnet.
Toutes ces qualités et tous ces travers de notre
P., vous les connaissez depuis plus longtemps que
moi, étant son ami, ayant été son camarade et son...
préfet. J'espère qu'à l'occasion, dans vos lettres, et
sans révéler que je suis du complot, vous ferez déli-
catement la guerre à tous les petits défauts que vous
lui aviez déjà, je crois, signalés l'an dernier. Qui sait
si la correspondance que vous entretenez tous deux ne
vous en fournira pas l'occasion?... Puis, c'est votre
devoir de dire à vos amis leurs trente-six vérités : c'est
leur droit de compter sur vos aimables remontrances.
Vous êtes leur ancien, sinon leur aîné. Ils ont été vos
subordonnés (!) Tandis qu'ils n'étaient que simples
soldats ou caporaux dans l'armée de la sainte Vierge,
vous étiez sergent !

Cette comparaison, très neuve et toute militaire, est
faite à souhait pour être agréée d'un futur polytechni-
cien. Comme je désespère d'en trouver une plus heureuse, j'arrête là cette trop longue conversation.

Pour corser la formation apostolique de ses
jeunes gens, Claude recourt à plusieurs
moyens d'exercer leur zèle. De bonne heure
il institue pour les congréganistes la visite
des pauvres. Le discours de fin d'année qu'il
prononce en 1891 sur *La charité à l'Ecole*
montre qu'il espérait par le contact avec la
misère habituer l'enfant dès le collège au
sérieux de la vie et le soustraire à des
influences fâcheuses qui le guettent fatalement
à un certain âge :

La charité prétend aussi au rôle d'éducatrice, et à bon droit. Ses procédés sont simples. Elle jette un jour chez un malheureux l'écolier de quatorze ans, inquiet et rêveur; elle lui dit : — Allons, rêvons ensemble! Tu es riche et tu veux profiter de ta richesse; deviens pauvre pour ceux-là qui seront riches. L'orgueil monte dans ton âme; vertus, talents, tu crois tout devoir à toi-même; pourtant si Dieu voulait, demain tu ressemblerais au petit mendiant que tu coudoies dans la mansarde. La vie te semble facile, aimable, souriante; regarde à ce foyer; tout le monde pleure. Tu as horreur de la peine et soif de repos; n'as-tu pas honte? Voilà un homme qui travaille depuis le matin jusqu'au soir — pour toi peut-être, — voilà une femme qui consume ses nuits en des veilles qui l'épuisent, et demain, à leur réveil, cinq enfants demanderont du pain : il n'y aura personne pour leur en donner. Tu souffres, tu oses te plaindre de l'existence, alors que rien ne te manque; l'aurais-tu donc oublié? Hier encore, un pauvre ouvrier disait, sentant sa fin prochaine : « Ce ne serait rien de sortir de cette terre de malheur pour aller à Dieu; mais il faudrait laisser les petits... Qui en prendra soin quand le père n'y sera plus? » — Mais je lis dans ton cœur des paroles que tu n'oses me dire : tu as envie d'aimer et d'être aimé; tu veux te dévouer à quelque chose ou à quelqu'un... Oh! ne rougis pas, enfant, c'est moi, la charité, qui viens d'allumer dans ton âme le feu divin. Je te donnerai là-bas dans le pauvre, un père, une mère, des frères, que tu ne connaissais pas. Ils t'aimeront, car les misérables savent aimer aussi. Et le soir, après que tu te seras éloigné, tous ensemble, Ils joindront les mains pour toi. A cette heure, aux prises peut-être avec le mal, tu ne faibliras pas dans la lutte, et, surpris de tes faciles victoires, tu te réjouiras d'être encore un jour paisible et pur! »

Ainsi la charité lui paraît « réaliser sans peine les fins supérieures de l'éducation chrétienne. Avec force, avec douceur aussi, elle se saisit de l'enfant et l'arrache à lui-même aux heures difficiles. Mais c'est pour donner aussitôt satisfaction aux aspirations les plus ardentes de sa nature qu'on doit croire généreuse, c'est pour révéler à son âme neuve encore et qu'on doit croire ignorante une conception plus haute et plus vraie de la vie[1]. »

En même temps qu'il agissait sur les enfants individuellement et en groupe, il tâchait d'obtenir le concours des parents pour son action éducative de directeur d'âme et de professeur. Avec quelle délicatesse il leur remontre la série des erreurs auxquelles ils sont exposés dans l'accomplissement de leur tâche.

Des observateurs éclairés assurent en effet qu'avec es meilleures intentions du monde on se trompe plus souvent qu'autrefois dans les moyens à prendre pour élever l'enfant. Sous prétexte de le retenir dans l'affection de ses parents, de lui enseigner le bon usage de sa liberté, il paraît qu'on lui passe beaucoup trop ses caprices; sous prétexte de donner à son esprit une culture prématurée, on épuise son activité intellectuelle; d'autres fois, et dans un sens tout opposé, sous prétexte d'éviter le surmenage, on

1. *La charité à l'École*, p. 15.

l'amollit en diminuant plus que de raison les heures de son travail : on développe presque uniquement son activité physique et à peine dans la mesure du nécessaire son activité morale : sous prétexte de le distraire, de le « désennuyer », à l'heure où il aurait tant besoin de réfléchir, on l'éloigne des occasions de recueillement, on se réjouit fort au contraire de le voir briller dans les réunions du monde où l'on a hâte de le produire ; sous prétexte de modération, afin de ne pas compromettre son avenir, on lui laisse entendre que la religion est une excellente chose en théorie, dont il serait imprudent d'abuser en pratique ; que là, comme partout, certain juste milieu est la bonne position dont il est mal de s'écarter ; bref, qu'il n'en faut pas trop faire.

A quoi doit aboutir une pareille éducation? A compléter l'œuvre funeste de la société ; à faire de l'enfant un oisif, un médiocre, un neutre.

Tous ces noms divers sont les noms de l'égoïsme, non pas brutal et avoué, mais délicat, subtil, honteux de lui-même [1].

Encouragés dans la croisade contre l'égoïsme, stimulés dans leur zèle par leur directeur, les congréganistes ne se contentèrent pas d'être de petits philanthropes, ils se firent catéchistes; mais l'expérience ne permit pas de prolonger cet essai : il faut à des catéchistes plus de connaissances et de maîtrise religieuse que des élèves n'en peuvent acquérir, et Claude ne s'obstinait pas

____

1. *La charité à l'École*, p. 9-10.

dans ses idées quand il avait jugé, par la pratique, les inconvénients supérieurs aux avantages.

Bien avant que se répandît l'usage des cercles d'études, il avait établi, en faveur des grands internes, une réunion qui participait à la fois du cercle et de la causerie en famille. Depuis longtemps, il remarquait que les conversations des jeunes gens se traînaient dans une vulgarité ou tout au moins une banalité affligeante. Il était aussi ému de la contrainte un peu froide des récréations du collège, à l'heure du soir où les externes, mieux partagés, se détendaient paisiblement dans l'atmosphère domestique. Il entreprit donc de réunir toutes les semaines dans une sorte de veillée les plus grands des pensionnaires et de tenir cercle avec eux. Il leur donnait à lire des journaux et des revues pour les tenir au courant des événements extérieurs; on faisait ensemble quelques lectures choisies; puis on terminait la soirée par une discussion amicale sur un sujet fixé d'avance et étudié par un membre de la réunion.

Il apportait un grand désintéressement personnel dans son action, et souhaitait la collaboration de tous les professeurs aux œuvres de collège : « Veillez, écrivait-il à un supérieur de maison, à ce que chacun de vos maîtres ait, sous une forme ou sous une autre, une œuvre de zèle à accomplir auprès des élèves : plusieurs souffriraient d'en être privés; d'autres, hélas! s'y accoutumeraient. » Conformément à ces principes, il ne conserva point la direction du cercle, mais la confia à son frère, qu'il associait alors le plus possible à son ministère.

Les élèves prirent goût à leur réunion intime, et continuaient au réfectoire les discussions commencées dans leur cercle. L'œuvre vécut ainsi plusieurs années, sans bruit, loin des regards. Lorsque l'Association française de la Jeunesse catholique entreprit un jour une campagne en faveur des cercles d'études, un délégué fut très surpris d'en découvrir un à l'École Saint-Maurice en pleine activité. Il suffit alors d'étendre aux externes et de rattacher à l'Association générale le groupement né du zèle et de la clairvoyante initiative du directeur de la congrégation.

Les vacances inspiraient beaucoup d'appréhension au sage directeur. L'expérience lui avait appris que beaucoup d'enfants rentraient au collège moins bons, moins purs, moins pieux qu'ils n'en étaient partis. Sa correspondance témoigne de ses craintes très vives. Pour apporter du secours à ses congréganistes en vacances, il s'imposait de leur envoyer deux circulaires pour leur rappeler les jours où ils devaient se réunir dans une prière commune. Pendant trois années, le simple avis se métamorphosa en un journal autographié, — *Le Réveil,* — destiné à raviver la piété de ceux qui s'étaient endormis ou dissipés. Outre les conseils de circonstance, le journal apportait aux jeunes gens des nouvelles des uns et des autres, quelques récits humoristiques dont le pittoresque était accentué par de jolies vignettes.

Les fatigues excessives obligèrent de suspendre une publication qui avait ravi ses bénéficiaires. Elle ne fut reprise que bien peu de temps avant la mort de son auteur, en 1914, dans la première semaine de la guerre tragique.

III

Non moins périlleuse que l'entrée en vacances pour les enfants est, pour les jeunes gens qui quittent le collège, le passage brusque de la vie fortement disciplinée à celle de la liberté sans contrôle :

Sous le régime actuel des études, écrit Claude, la transition n'est pas ménagée entre la vie du collège et celle qu'on mène à l'école de droit, de médecine ou de commerce, entre l'entière soumission et l'entière indépendance. Mais, jusqu'à présent, malgré des critiques réitérées, on n'a guère vu s'améliorer une situation dont tout le monde s'effraie et que, du reste, par la force des choses tout le monde est obligé de subir[1].

C'est aux dangers que court cette jeunesse des étudiants qu'il a pensé, en 1913, dans le discours de fin d'année, lorsque, prenant occasion du cinquantenaire d'Ozanam, il entreprit de leur dire : *Comment un catholique entre dans la vie...* Il saisit l'occasion de revenir sur des vues qui lui étaient infiniment chères parce que la justesse lui en était en quelque sorte garantie par l'expérience. Traçant alors, sans le savoir, le testament moral destiné à demeurer comme une suprême leçon dans l'esprit de ses jeunes auditeurs, il autorise, par l'exemple d'Ozanam, ses affirmations sur le prix des exemples de vertu reçus au foyer des parents, sur le bienfait de la fréquentation des élites, sur la vertu efficace de la charité pour la préservation de la foi et des mœurs, sur les avantages des amitiés dont le lien est dans l'amour commun de la vertu.

Toute sa vie, Claude avait été sensible à l'amitié, et avait fait des sacrifices pour entretenir le commerce d'affection et d'échange d'idées avec les amis de son choix. Il dit

____

1. *La charité à l'École*, p. 12.

d'Ozanam : « Il a quelques amis choisis entre mille camarades. » Toujours il a encouragé dans la jeunesse le noble sentiment de l'amitié. Le péril des affections dégénérées l'âme que le langage de collège qualifie d'amitiés particulières, n'échappait point à son attention, mais ne l'empêchait pas de louer l'amitié, la vraie, et de l'encourager. Ses comptes rendus des concours de mai contiennent une forte expression de sa pensée sur le rôle de l'amitié au collège. Loin de détourner deux enfants d'une mutuelle affection, voici comment il s'en servait, pour les conduire plus haut :

Que le bon Dieu vous bénisse tous deux, mes enfants, et qu'il ne permette jamais, jamais, que votre affection mutuelle tourne à une condescendance pour vos défauts... Ah! si vous pouviez ne rien vous pardonner l'un à l'autre qui soit médiocre, vous entraîner tous deux à tout ce qui suppose un peu de travail, de sacrifice, de générosité : voilà ce que la Sainte Vierge voudrait et ce qui rendrait votre amitié élevée et éternelle. Comment cela pourrait se faire? Vous me le demanderez à la rentrée.

Le joli code de l'amitié que l'on entrevoit au travers de ces lignes, et que leur auteur eût si bien écrit, rien qu'en puisant dans ses souvenirs!

Parmi les enfants et jeunes gens confiés à ses soins, Claude donnait une attention très dévouée à ceux qui lui paraissaient offrir des signes de vocation sacerdotale. Le recrutement du clergé était à ses yeux l'œuvre de zèle par excellence, et il se fût considéré comme coupable envers Dieu d'avoir négligé d'amener des ouvriers à sa moisson, et envers ses enfants spirituels d'avoir par sa faute manqué de discerner l'appel de Dieu et de cultiver leurs aptitudes pour y répondre.

Tout d'abord il ne craint pas de parler de la vocation en termes généraux, soit aux parents lorsqu'il prêche des sermons de paroisse ou qu'il adresse des conférences aux mères chrétiennes, soit aux enfants dans les retraites, dans les entretiens destinés aux congréganistes. Dans ce milieu d'élite où il espère découvrir plus d'appels, il tient à ce que chaque congréganiste entende au moins une fois le long de ses études, des instructions spéciales sur la beauté, la grandeur et les vertus du sacerdoce. Quelle joie est la sienne lorsqu'il peut éveiller quelque généreuse ambition ! Il écrit à un futur sous-diacre :

Les enfants à qui j'ai annoncé quatre ordinations d'anciens élèves (un prêtre, deux sous-diacres, un tonsuré) ont bien pensé à vous. Ah! les bonnes nouvelles à dire dans une chapelle d'école, à des congréganistes ! C'est comme une semence jetée par Dieu... *Pourquoi ne serais-je pas prêtre aussi?* Dieu passe ensuite, il arrose de sa grâce ce bon désir, et son œuvre invisible commence, — cette œuvre qui, pour vous, se consomme aujourd'hui dans le don total !

Il demandait des prières à cette intention, surtout aux séminaristes : « A vous d'y songer quelquefois, en offrant votre recueillement, vos longs silences, votre travail, votre obscurité si féconde. »

Il tenait compte de ce que l'école St-Maurice n'était pas un petit séminaire, mais ne croyait pas pour cela qu'elle dût être stérile :

Le terrain est fait pour produire *peu*, c'est vrai. Je crois qu'il est fait pour produire *bon*. Les belles plantes sont plus rares dans les moissons serrées. Il est certain que toute vocation est d'autant meilleure qu'elle procède davantage de l'*inspiration intérieure* de Notre-Seigneur. Dans les petits séminaires, les vocations sont mieux entretenues et conservées. Dans nos écoles libres, elles sont plus spontanées et plus solides.

Rien de plus ingénieux, ni qui décèle plus de prudence que la façon dont il amène les enfants à considérer tous les aspects que peut présenter à leurs yeux la vocation sacerdotale : pour les uns la vocation est une chose dont ils ont éloigné leur pensée avec répulsion, mais sans scruter la cause secrète de cette aversion inconsciente ; d'autres ne l'ont jamais envisagée, mais peut-être par inadvertance, ou s'ils y ont jamais pensé, ce fut de manière fugitive, sans s'y arrêter, parce que de prime abord elle leur apparut comme impossible. D'autres ont « toujours voulu » cette vocation dans le secret de leur conscience, et si rare que soit le fait, il importe de le signaler afin d'aider certaines âmes d'enfants à prendre conscience de leurs aspirations profondes. D'autres enfin n'ont voulu la vocation qu'à intervalles plus ou moins éloignés; ceux-là surtout, Claude les fait réfléchir et les interroge sur le moment de leur vie où ils ont incliné vers la vocation sacerdotale ou reculé devant cette perspective : était-ce au temps de l'innocence ou de la passion, à l'époque de la première communion ou d'une retraite, sous le coup d'un deuil ou parmi les empêchements des affaires de famille?

Ainsi le prudent directeur observe toutes les avenues de l'âme, et, sans rien imposer, ne laisse non plus échapper aucun indice d'une volonté de Dieu.

Le R. P. Desqueyrous, procureur général de l'ordre des Frères Prêcheurs, qui avait aidé Claude naguère dans la détermination de sa vocation et qui avait toute sa confiance, écrivait de lui :

Notre ami eût aimé à se donner davantage aux œuvres extérieures du saint ministère, mais son esprit

de foi et son amour du devoir ne lui permettaient pas
d'oublier que la plus grande part de son temps et le
meilleur de son dévouement devaient aller à ses
enfants de l'école dont les âmes lui étaient si chères.
Quelle joie discrète, pour lui, quand il croyait découvrir, chez l'un ou l'autre de ses pénitents, un germe
de vocation ecclésiastique, ou même simplement
quand il rencontrait une âme énergique, capable,
espérait-il, de grands efforts pour le service de Dieu
et de l'Église! Cultiver cette plante de choix était
pour lui un devoir sacré, en même temps qu'une
ineffable consolation. Comme à tous ceux qui s'occupent de la direction des jeunes gens, les déceptions
ne lui ont pas manqué : elles ne lui furent jamais un
motif pour se ralentir ou se décourager !

Quand il avait réussi à discerner une vocation ecclésiastique et à la cultiver, il inclinait
volontiers, pour le choix du séminaire, vers
St-Sulpice, dont il estimait hautement la formation. Quelle que fût la maison où entrait
son dirigé, il ne contrariait aucunement l'action
du nouveau directeur, se contentant de donner
selon l'occurrence, des conseils ou de rédiger,
— le mot est de lui — « de sèches ordon-
nances[1] ». Voici, par exemple, la lettre qu'il
écrit, le 16 juin 1908, à un séminariste qui
n'était point appelé aux Ordres Mineurs :

1. Une remarquable série de lettres à des séminaristes,
qui a paru dans la *Revue du Clergé français,* se trouve
réimprimée dans *Éducation sacerdotale.*

Vous attendez encore les Ordres Mineurs ! Et cela vous est une peine ? Heureuse peine, si elle vous sert à avancer quelque peu dans l'esprit d'obéissance et de sacrifice, dont vous vous faisiez peut-être encore une idée trop « scolaire ». Dans les séminaires, les jeunes d'aujourd'hui — je suis un vieux, moi ! — ont pris l'habitude de considérer les demandes de l'autorité d'un regard trop positif, et d'y voir souvent le calcul pour tout motif, non pas la nécessité surnaturelle d'une formation de caractère et d'une trempe d'âme à acquérir. Je vous assure que vous seriez beaucoup plus porté à vous soumettre de cœur, si vous vous disiez qu'il n'y a pas de petit effort, de petite gêne, qui ne serve à vous faire devenir un bon prêtre. Vous ne voulez pas vous accommoder de soumissions dont vous ne supputiez et ne goûtiez les raisons, et vous regimbez là où vous croyez voir une vue étroite... Combien vous connaissez peu la vie et ce qu'elle vous réserve ! Quand il vous faudra vous plier aux vues de certaines âmes mesquines — ne fût-ce que pour les convertir — vous souffrirez bien davantage. Et cependant il le faudra !

Vous croyez voir les choses de l'obéissance, de la formation ecclésiastique, très largement, et c'est justement d'un peu d'étroitesse qu'il faut vous accuser quand vous les réduisez pratiquement à une simple formation de l'esprit, à l'analyse de vos états d'âme, à la culture plus ou moins inconsciente de votre moi... Refaites votre vie ! Recommencez votre séminaire sur un autre plan. Voyez-y la recherche de Dieu et des âmes par les moyens que la tradition actuelle de l'Église propose aux jeunes hommes de votre âge, non par les moyens que vos antécédents, votre culture, vos goûts personnels vous suggèrent.

Là est le sacrifice réel, qu'il faut aimer comme si on

l'avait choisi. Il n'y a que ce moyen de se rendre compte qu'on est capable de renoncement, et de s'y exercer. Partout ailleurs nous retrouverions notre volonté propre cachée sous des illusions. Ce sacrifice d'ailleurs ne sera pas éternel : assez tôt vous serez livré à vous-même pour le choix de ce qui vous est bon ; et vous verrez à vos hésitations, à vos obscurités, que la volonté de Dieu indiquée par les autres, par une tradition respectable dans son ensemble, est un chemin heureux et sûr, comparé à nos sentiers et à nos voies imparfaites...

Je ne vous aurais pas écrit ces choses, si vous ne m'aviez dit que vous connaissiez mieux les racines profondes de notre foi... Il n'y a rien de tel pour voir les choses dans le vrai, avec un esprit d'abandon et de confiance joyeuse. Que Dieu le mette en vous, très cher !

Le zèle remarquable de Claude pour le discernement et la culture des vocations sacerdotales devait le porter à écrire sur ce sujet délicat qui lui tenait si fort à cœur. Quatre articles de sa plume parurent dans un bulletin du diocèse de Grenoble : *Œuvre des séminaires et des vocations Sacerdotales*. L'auteur traita sous des formes diverses des obstacles à la vocation. Le premier, le plus développé et le plus remarqué, — « *Péchés de mères*[1] », — expose comment nombre de voca-

---

1. Bulletin de mars 1909, p. 65-73. Réimprimé dans le volume *l'Éducation religieuse*, à la suite des « Entretiens aux mères chrétiennes » et dans *Éducation sacerdotale*.

tions périssent parce que des mères, même pieuses, n'y songent pas, n'en veulent pas, ou les veulent mal. Telles sont les divisions de l'article qui parut si alerte, si clair, si décisif, qu'il fut tiré en tract, et un évêque en demanda jusqu'à trente mille exemplaires de propagande pour son diocèse.

Un deuxième article portait sur « l'*Éducation recueillie* », celle qui est favorable à l'éclosion des vocations. Il était extrait d'un sermon sur l'*Éveil du sens religieux* et s'adressait plus particulièrement aux mères de famille appartenant à la classe aisée, sinon même riche.

Le troisième article est d'une originalité charmante. Il aborde le principal obstacle aux vocations ecclésiastiques, tel qu'il se révèle dans les ménages de cultivateurs et d'ouvriers, savoir les craintes et les préjugés du père de famille. Claude s'efforce de démasquer ceux-ci et de chasser celles-là, en écrivant « *Les raisons de mon mari*[1] ». Une femme de la campagne, un dimanche, rend visite à son curé et lui présente son jeune garçon... « pour le bon Dieu », en termes si élogieux que le prêtre ne peut s'empêcher de remarquer : « Il est périlleux de flatter le jeune clergé. » L'enfant

---

1. Réimprimé dans *Éducation Sacerdotale*.

est envoyé au jardin, et la mère de dévider,
au long d'une conversation pleine de saillies et
de détours, toutes les raisons de son mari, « un
bon homme que j'ai là, Monsieur le Curé »,
— et toutes les difficultés contre lesquelles
elle lutte à la maison et luttera mieux encore
après sa visite. Il est convenu que l'enfant le
lendemain prendra sa première leçon de latin
et que Jeannette annoncera à son mari la visite
de Monsieur le Curé.

Les Vêpres sonnent. On s'en fut à l'église. Pendant
le chant des Psaumes, tout le monde (il y avait vingt-
deux personnes) observa que M. le Curé avait
pris sa voix des grands jours : on se serait cru à
Noël ou à Pâques. A l'*In exitu Israel*, bien qu'il
chantât tout seul, il oublia les modulations grégo-
riennes, il eut des accents de vigueur qui éveillèrent
dans les nefs les piétés somnolentes : visiblement il
claironnait une victoire, il conduisait un autre peuple
d'Israël hors d'une autre Égypte. Mais à un certain
verset : *Deus memor fuit nostri...* il y eut un fléchisse-
ment attendri dans sa voix, comme s'il eût voulu se
taire ou que sa joie s'allât résoudre en larmes...
Pierrot et sa mère qui avaient penché soudain la
tête sur leur paroissien, y lurent la traduction des
mots mystérieux : « L'Éternel s'est souvenu de nous et
il nous a bénis... Il a béni tous ceux qui le craignent
les petits et les grands... »

Le dernier article, soigneusement préparé
par de nombreuses consultations auprès des

prêtres adonnés aux œuvres populaires, a pour objet *La Vocation au patronage* (essai d'enquête [1]). Est-il exact que les patronages n'aient pas formé de prêtres? quels obstacles sont à écarter et quels moyens à employer pour que le patronage devienne une pépinière de vocations? L'auteur s'efforce de répondre à ces questions importantes et de montrer qu'au patronage, comme ailleurs, « pour trouver des vocations on doit s'en préoccuper, ne pas crier à l'impossible et faire son possible, puis prier et faire prier, augmenter par tous les moyens la vie spirituelle dans les âmes, faire rayonner cette vie jusque dans l'ambiance naturelle du patronage, dans la famille que nous pouvons atteindre et régénérer par les enfants ».

Encore l'année de sa mort (1914), Claude revient dans la *Revue du Clergé français,* sur cette angoissante affaire des vocations; il a étendu son enquête au milieu ouvrier, et traite du nombre, de l'origine, de la culture de ces vocations écloses dans le monde de l'industrie et des métiers. Accessoirement, il mentionne les vocations tardives, plus nombreuses parmi les ouvriers et employés que

1. Bulletin de mars 1912, p. 81-90.

parmi les paysans, et dont le soin demande de la souplesse et du doigté[1].

A favoriser ou à gêner l'appel de Dieu, on encourt une responsabilité qui peut retomber sur le prêtre lui-même aussi bien que sur les parents, les éducateurs et les patronages. Claude en prenait davantage conscience à mesure que l'expérience l'instruisait : « En somme, écrit-il, les trois quarts des vocations manquées viennent de ce qu'elles n'ont été ni découvertes à temps, ni signalées fortement aux intéressés, ni aidées. » Prenant donc la plume dans un bulletin plus spécialement lu par des prêtres, il publie un article sur *Le recrutement du clergé et nos responsabilités*[2]. En exergue le mot douloureux : *Meâ culpâ*. Le début en est plein d'une mélancolie grave.

Nel mezzo del cammin... Nous sommes au milieu de notre chemin ou plus loin encore. L'aube blanchit toujours le champ du Père de famille. Mais nous descendons la côte vers l'ombre, les travailleurs manquent, malgré les épis à mettre en gerbe, les sillons à retourner.

Et la nuit monte, la nuit où personne ne pourra travailler. Alors nous retournons d'instinct vers la

---

1. *Rev. du Clergé français*, 15 juillet 1914, p. 153-168 : *Les vocations dans les milieux ouvriers.*

2. *Bulletin des Anciens Élèves de Saint-Sulpice* (année 1913), p. 520-537 : « Le recrutement du clergé et nos responsabilités ». Réimprimé dans *Éducation Sacerdotale.*

route où nous avons passé, un matin de notre jeunesse, et nous regardons si d'autres ouvriers accourent pour tenir la place que nous allons laisser vide.

Qu'ils sont peu nombreux ceux qui viennent...

Une curiosité — une confiance aussi — nous ranime. Parmi ceux-là qui s'avancent vers le champ du Père, est-ce que nous ne découvrirons pas de figures connues, aimées? Cet enfant à qui nous avons facilité la voie, sur qui reposait notre espoir, il est là sans doute?

Non, il ne vient pas...

Et nous avons beau accuser le siècle mauvais, les familles d'aujourd'hui, les écoles, les livres, les journaux, les milieux étranges — ateliers, salons, cercles, grandes écoles, casernes, syndicats, etc. — où les germes de vocations doivent se développer, les jeunes gens qui ne songent pas à l'appel d'en-haut ou évitent d'y répondre, nous sentons confusément que nous avons, nous, prêtres, une part de responsabilité dans la désertion du champ.

Ne battons pas seulement la coulpe d'autrui. Faisons notre *mea culpa*.

Il faut aller au-devant des vocations, et se montrer clairvoyant dans leur discernement en cherchant de préférence pour la grâce du sacerdoce une raison simple, claire, prudente, laborieuse, docile, et la patiente énergie d'une âme dressée à l'effort quotidien.

Les vocations reconnues, le directeur doit les cultiver, et présenter d'abord en soi-même au futur lévite un exemplaire suffisamment élevé de l'éminente dignité du sacerdoce, pour qu'à le fréquenter de près, celui-ci ne perde rien de son idéal du prêtre. Ce qui manquerait le plus fàcheusement au « modèle » que l'enfant cherche naturellement dans le guide de sa vocation, ce serait l'esprit surnaturel. Et la pente de son cœur ramène aussitôt Claude au souvenir de ses premiers maîtres de Saint-Sulpice. Et comme il s'adresse tout particulièrement à leurs anciens disciples il écrit :

Imitons surtout là-dessus nos maîtres de Saint-Sulpice : l'esprit de foi qui rayonnait à travers l'obscurité de leur vie a été la meilleure leçon qu'ils nous aient donnée. Quel « pouvoir » exerçaient sur nous leurs « exemples vivants » ! Et sans ces exemples, quel vide fâcheux dans nos souvenirs... *Vivere summe Deo...* Ce serait grand dommage si nous, leurs fils, nous ne vivions pas à notre tour selon la devise de nos pères dans le sacerdoce...

Si nous n'avons pas conduit assez d'ouvriers au champ, n'en cherchons pas plus loin la raison. Nous nous sommes agités, peut être au delà du nécessaire, nous avons remué la terre ingrate, semé, arrosé. Nous avons oublié l'*incrementum dat Deus*, c'est-à-dire la prière et l'espérance. C'est le plus certain des *mea culpa* que nous ayons à faire, — que Dieu l'entende ! — et faisons mieux aux jours qui viennent.

V

A toutes les âmes dont Dieu lui avait confié la formation, qu'elles fussent demeurées dans le monde ou qu'elles eussent pris le chemin de l'Église, Claude continuait le secours de son ministère, autant qu'il leur plaisait d'y recourir. L'une des qualités qu'il cultivait avec le plus de soin, c'était l'ouverture et la confiance, à tel point que, même devenues infidèles à ses conseils, beaucoup d'âmes lui revenaient comme à l'ami, au soutien, au consolateur, parfois comme au sauveur. Il n'est pas possible de dévoiler ce qui s'est passé d'âme à âme. Sa discrétion lui imposait de détruire aussitôt qu'il y avait répondu, les lettres qui traitaient d'affaires de conscience.

Cependant quelques-uns de ses correspondants nous ont transmis les lettres qu'ils avaient reçues de lui et il peut être utile de donner ici quelques échantillons des lettres pleines de cœur, de bon jugement et de grâce malicieuse qu'il écrivait selon les rencontres.

A un jeune homme engagé dans une négociation de mariage qui se révélait laborieuse, il écrit allègrement :

Mon cher X..., vous allez trop vite dans le découragement comme dans l'espoir. Mes renseignements particuliers me permettent de croire que la famille est pour vous, et que la « jeune personne » réfléchit, et peut-être subtilise avec son faible cœur. En de telles occurrences, il faut temporiser, et ne pas entrer en brillant vainqueur dans les places qui se défendent, pour la forme, j'imagine.

Peut-être avons-nous trop présenté notre ami comme un intellectuel! D'autre part, soyez sûr que, si nous l'avions présenté comme un « sportif » ou un « mondain », on l'eût réclamé plus cérébral. Il faut de la mesure avec ces « éloges » pour mariage... Moi, je n'ai mis que la vérité, mais j'ai confiance que la vérité l'emportera !

Bref, ayez patience, patience, patience ! la Forézienne a lu l'*Astrée* et peut-être le *Cyrus*. Elle sait le prix des lentes stratégies (du moins j'imagine). Et plutôt que de voir son roman se terminer au premier chapitre, elle préférerait qu'il finît suivant les bonnes règles, au tome dixième. Cela ne prouve rien contre l'amour.

Je suis un peu fataliste, — fataliste chrétien! Je suis persuadé qu'avec les honnêtes gens les choses que Dieu veut qui arrivent, finissent bien par arriver. Si elles n'arrivent pas, je crois encore à la bonne Providence qui voit mieux que nous le cours des événements. Si vous êtes recalé, séchez vos larmes. — Mais vous n'êtes pas recalé : soyez seulement sans hâte. Et puis, plus d'avances ! c'est à vous maintenant d'attendre qu'on en fasse. — Soyons dignes, mes frères !

J'ai vu que *la Croix illustrée* avait reproduit encore un de vos articles. Vous voilà aussi assomptionniste que Rochefort.

Croyez-moi bien votre ami.

C. B.

A un nouvel agrégé, il expédie ses félicitations :

Mon cher Ami, je reviens de la poste, et dire que j'hésitais à y aller ! J'eusse attendu deux jours de plus la nouvelle de votre agrégation. J'ai décacheté mon courrier au musée de Turin, et c'est en face d'un Boticelli superbe que j'ai poussé le cri de joie traditionnel. Mon frère Henri a cru que je prenais une crise de nerfs devant les beaux anges blonds et maniérés, mais si naïfs, si tendres... Point. — On est heureux voilà tout !...

Allons, c'est très sérieux : je vous félicite bien sincèrement. Je vous embrasse. Je suis très fier de vous. Vous êtes un brave *enfant*. — Et jugez, par le décousu de ces phrases, de l'émotion où je suis. Pour la comprendre tout à fait, songez qu'après avoir appris la grande nouvelle, *Hubert agrégé*, je me suis allongé dans l'escalier de marbre du palais des Arts et que j'ai descendu ainsi trois ou quatre marches en faisant de promptes mais tristes réflexions. — Songez aussi que le train qui va me ramener de la... terre d'exil va partir *subito* — et que je suis très pressé.

Tout à vous, Excellence. Félicitez de ma part Madame votre Mère d'avoir un fils comme celui que nous connaissons.   C. BOUVIER.

Je vous reparlerai de Venise : c'est une ville dont vous avez dû... entendre parler déjà sans doute. Pour moi, c'est une nouvelle connaissance dont je suis ravi, gondole à part.

Les boutades ne manquent pas dans ses lettres spirituelles, jamais méchantes, et moins malignes que le journal de son enfance, ne « se piquant plus de piquer ». A une mère de famille, il écrit une simple carte de politesse, terminée par ces mots :

H. ! C. ! Que « ces enfants » sont grands et qu'ils sont

loin. Mais que j'aime à me souvenir d'eux, à leur souhaiter devant Dieu toute sorte de bonheurs... Priez-les de ma part de songer sérieusement à se marier. Je ne veux pas mourir sans avoir vu H. docteur, époux et père ; — sans avoir vu C. obéissant, comme il sied, à sa femme et gouverné despotiquement par ses fils et ses filles.

Un de ses anciens élèves l'a entretenu d'un sujet de thèse que Claude ne considère peut-être pas comme très heureux.

Je pense, répond-il, que votre héros aura eu une fortune politique et militaire assez étoffée, pour que la Sorbonne vous juge grave. Un conseil : ne craignez pas d'écrire quelques chapitres fort ennuyeux, si cela est dans vos moyens. Rien ne sert comme cela pour aller à l'assaut des chaires de facultés. Et, pour l'érudition, lansonisez, lansonisez, lansonisez, en vous moquant de Lanson.

Une correspondance si étendue, si variée, et dont le fardeau croissait avec les années et le nombre de ses anciens élèves, s'ajoutait sans qu'on s'en aperçût au travail journalier du professeur. Les livres qu'il eût composés avec tant d'âme, d'autorité et de talent, il n'a pu qu'aspirer à les écrire, ou plutôt il les a écrits dans le cœur de ses élèves.

CHAPITRE VIII

EN DEHORS DE L'ÉCOLE : PUBLICATIONS DIVERSES ET ACTION EXTÉRIEURE.

Sommaire : I. Collaboration à l'Université catholique. —
Le Franc de Pompignan apologiste. — L'œuvre et la personne de Henri de Tourville. — Conférences sur Diderot
et sur l'Affaire de Galilée. — La question Michel Servet.
— Vienne au temps du Concile. — Les principes du protestantisme. — II. Prédication. — Conférences aux Mères
chrétiennes. — Éducation supérieure des Jeunes filles. —
Cercle d'études des jeunes filles Noélistes.

Pendant les douze dernières années de sa
vie (1902-1914) Claude revint avec enthousiasme à l'enseignement exclusif de l'histoire.
C'est par devoir et par dévouement, non par
goût, qu'il avait accepté la classe de rhétorique. La décadence des études littéraires
s'était accélérée dans les années qui ont précédé la guerre ; et l'enseignement des lettres
dans la classe immédiatement préparatoire au
baccalauréat lui causait une véritable fatigue,
un décevant surmenage. Ce fut donc un
bonheur pour lui que de revenir aux études
plus solides et plus nourrissantes.

D'ailleurs il ne projetait aucune œuvre de longue haleine, sachant par expérience combien le morcellement du temps, l'éloignement des bibliothèques et le ministère de la direction lui rendraient difficiles des travaux d'érudition magistrale. Mais il n'en souffrait plus comme autrefois. L'âme était rassérénée. A un de ses jeunes correspondants qui avait cru remarquer en lui une lassitude et un regret, il répond :

Si j'ai douté que ma tâche ici fût bonne, il y avait peut-être de l'orgueil dans ce doute. Dieu nous demande parfois de ne pas regarder de trop près dans ce que nous faisons pour sa gloire : c'est la nôtre que nous finissons alors par chercher. Ne nous plaignons donc pas trop de lui être inutiles : c'est la morale qu'il faut tirer de ma tristesse de l'autre jour. Après avoir réfléchi, je me suis décidé à être un ouvrier *actif* — tout simplement, — et à ne pas abuser de la prévoyance, et à ne pas trop faire d'analyse, et à ne pas tant m'insurger contre l'impossible, qui est le point par où Dieu nous montre qu'il est toujours le maître, même de nos meilleures volontés.

Nous avons indiqué précédemment[1] comment, dès 1897, il avait accepté l'invitation de Mgr Devaux, son ami, à publier tous les trois mois dans l'*Université catholique,* une « Revue » ou analyse d'ouvrages historiques.

1. Chapit. VI, p. 159.

Cette simple bibliographie, ordonnée, judicieuse, érudite, parut aux connaisseurs faite de main d'ouvrier : « Nos lecteurs croiront que vous faites le métier depuis vingt ans. » Les plus heureux, en la circonstance, furent les auteurs, touchés de se voir compris dans leurs intentions, saisis dans les nuances de leur pensée, redressés quelquefois avec modestie, jugés toujours avec équité. A une lettre de remerciements que M. Émile Ollivier devenu aveugle lui faisait écrire au reçu de son article, le vieillard joignait quelques mots de sa main tremblante : « Je voudrais qu'il ne s'agît pas de moi pour vous dire plus amplement combien j'admire la supériorité d'esprit, la pénétration, la justesse de votre analyse. Dans une langue d'une souplesse ferme, vous entrez dans les nuances les plus délicates des faits, et, quand on a lu vos quelques pages, on connaît le livre, et, grâce à votre bienveillance, on n'a pas trop mauvaise opinion de celui qui l'a écrit. » Et à une tierce personne, l'homme d'État se disait frappé de l'intelligence avec laquelle l'abbé Bouvier avait « rendu une pensée qui n'était pas la sienne ».

L'opinion universelle se traduisait par l'organe de Mgr Dadolle, recteur des facultés libres de Lyon : « Quand on est outillé comme

vous, on doit avoir l'ambition de faire œuvre
de maîtrise. » Le projet, un instant caressé
d'attirer Claude dans l'enseignement supérieur, à l'Institut catholique de Lyon, devint
du moins l'occasion du premier travail scien-
tifique un peu développé qu'il ait publié. Le
sujet qu'il avait envisagé comme devant lui
servir de thèse de doctorat était tiré de
l'histoire religieuse de Vienne. La monographie
de Le Franc de Pompignan, archevêque de
Vienne, et l'un des apologistes français du
XVIIIe siècle, offrait une matière limitée, qu'il
devait être possible de traiter sans s'éloigner
beaucoup de Vienne. Claude, qui avait une
connaissance étendue du XVIIIe siècle, se mit
à l'œuvre avec entrain, déployant à se documenter à Vienne, au Puy, à Paris, un zèle et
des scrupules d'érudit. Au milieu de sa
besogne de professeur, l'énervement le gagne
quelquefois d'être contraint à tant de minuties
et d'exactitude. Il en plaisante avec un jeune
ami qui recherche pour lui des pièces d'ar-
chives au ministère des Affaires étrangères.
Il encourage son correspondant qui travaillait
de son côté à une thèse :

Vous trouverez le moyen de faire quelque chose
de neuf, de fort et aussi de vif, quelque chose de très
peu pompignant, si j'ose m'exprimer ainsi...

Ce nouvel adjectif est tiré du verbe *pompigner*, de

création toute récente, et qui exprime un agacement d'une espèce toute particulière, et indéfinissable. Vous sentirez mieux cela quand vous lirez ma brochure où seront mes deux conférences, et où je me suis tellement assimilé mon héros et son procédé littéraire que rien qu'à la pensée d'avoir à corriger les épreuves... tenez... j'en suis tout pompigné !

Les deux conférences données à Lyon, à la demande de Mgr Dadolle (13 et 20 février 1903) intéressèrent vivement les auditeurs, surpris par la clarté de l'exposition, le naturel du style, le charme expressif de la diction. Publiées d'abord dans l'*Université catholique*, puis réunies en brochure, avec adjonction de notes qui en faisaient une œuvre historique solide[1], les conférences s'attachent à décrire en trois chapitres : les travaux de l'apologiste, les conditions dans lesquelles il a dû travailler, et les imperfections de son œuvre. On ne lit guère aujourd'hui les écrits pourtant estimables de l'homme qui tint tête avec beaucoup de sens et de dignité aux philosophes ; malgré bien des imperfections, ils furent jugés dignes d'entrer dans la grande publication apologétique de l'abbé Migne au XIXe siècle. Un des grands vicaires de Pom-

---

1. *Une carrière d'apologiste au* XVIIIe *siècle : Jean-Georges Le Franc de Pompignan, évêque du Puy, archevêque de Vienne (1715-1790),* par Claude BOUVIER, Lyon, Vitte, 1903, 1 vol. in-8° de 124 p.

pignan disait de lui : « Il a trop vécu avec les morts pour bien connaître les vivants. » Il est de fait qu'étant évêque résidant, Pompignan n'allait guère à Paris, et qu'ayant une grande dignité de vie, même quand il demeurait dans la capitale, il se tenait à l'écart d'une société fort corrompue ; qu'il manquait ainsi d'un contact qui eût rendu son apologétique moins abstraite, moins générale, plus vivante et plus pénétrante.

Un dernier chapitre de la brochure de Claude lave la mémoire du prélat du reproche qui lui fut fait, d'avoir, avec M. de Cicé, sanctionné la Constitution civile du Clergé. Grâce aux documents trouvés à la bibliothèque de Saint-Sulpice et renfermant un témoignage de M. Emery, Claude établit que Le Franc de Pompignan, alité depuis le 17 avril 1790, n'avait pu assister au Conseil des ministres du 24, où fut approuvée cette Constitution ; que, dès les premiers jours de juillet, confident des sentiments du pape, il était absolument opposé à cette sanction : on profita de son absence pour l'obtenir de la conscience troublée du roi. Il n'avait donc pas été « l'exécuteur testamentaire » des philosophes qu'il avait combattus toute sa vie ; mais, par sa fonction, il avait seulement assisté à l'ouverture du testament. Quand il en a connu les clauses, il s'est retiré pour aller mourir de chagrin. Mais il était resté, malgré quelques illusions, digne de son œuvre et de notre reconnaissance.

La conviction de Claude entraîna celle d'un bon juge en ces matières. M. Paul Allard, dans la *Revue des Questions historiques* (1er janvier 1904), conclut : « M. Bouvier semble mettre décidément à l'abri de tout reproche l'archevêque de Vienne. » Le patriotisme de l'auteur dut être satisfait!

Le talent du conférencier n'avait pas passé inaperçu. Aussi, deux ans après, une nouvelle invitation des Facultés catholiques lui fournit l'occasion de présenter Henri de Tourville au public lyonnais. N'en soyons pas trop surpris; il était en relations très intimes avec des amis, des confidents de ce prêtre, l'un des cerveaux les plus puissants, l'une des consciences les plus hautes de son temps. Tout jeune encore, au Séminaire d'Issy, Claude avait été du nombre des auditeurs de M. Edmond Demolins disciple et collaborateur de M. de Tourville. Cette fréquentation n'avait point fait de lui un adepte de la Science sociale. Il n'en admettait point l'originalité, considérant plutôt qu'elle assemblait des éléments divers empruntés à l'économie politique, au droit naturel, à la morale naturelle, à l'histoire et à d'autres sciences. Dans la suite, il parut davantage gagné par des raisons de cœur, non moins que par les puissantes idées morales et intellectuelles du prêtre admirable que fut M. de Tourville. En tout cas, il se décida à le présenter « à un public qui l'ignorait ». Lui-même, dans une lettre qui sert d'envoi à la brochure reproduisant sa conférence, précise très bien son but et sa position :

Je serais heureux, je le confesse, si mon travail excitait dans un esprit aussi éclairé que le vôtre, quelque curiosité pour Henri de Tourville et quelque sympathie pour sa mémoire. Il a été de son vivant un merveilleux excitateur d'esprits, un soutien pour beaucoup de consciences. Si l'on rattachait un jour à son influence de sociologue, disciple et correcteur de Le Play, quelque grand mouvement d'idées, je n'en serais pas surpris, encore que Tourville, isolé et malade, ait dû se borner à peu près à indiquer une voie et à poser des jalons. Plusieurs de ses idées, plusieurs particularités de son originale physionomie intellectuelle et morale, n'agréeront point du reste à tout le monde. Je m'en suis rendu compte, et comme j'étais indépendant, n'étant point de ses disciples, je l'ai indiqué de mon mieux. Mon travail n'en demeure pas moins un « éloge », je l'avoue, et cet éloge qui néglige à dessein les détails, s'adresse à l'homme et à l'ensemble de ses œuvres sociales et religieuses plutôt qu'à tel ou tel point de ses écrits.

Les quatre chapitres qui composaient cette

brochure : « Les préparations lointaines de Tourville à son œuvre » — « L'élève, le continuateur et l'émule de Le Play » — « L'apologiste » — « Le directeur d'âmes » — sont suivis d'une émouvante conclusion sur la mort de Tourville, synthèse de sa vie. Citons ces dernières lignes :

Il eut de magnifiques aperçus sur l'Amour infini et ses indicibles prévenances à l'égard de la créature, sur la cité de l'au-delà, sur les découvertes qu'il allait y faire et qui ne dépasseraient point sa grandiose espérance. Ne considérait-il pas déjà les morts comme « des vivants bienheureux », le purgatoire, comme une « terre sublime peuplée d'âmes faites », la résurrection des corps comme une création nouvelle, « le *huitième* jour de la Création », le ciel comme un printemps de justice et de clarté dont l'aube est déjà levée sur nos fronts?

Le soir du 5 mars, il s'entretenait de tout cela avec son confesseur quand on s'aperçut tout à coup que l'appel de Dieu allait sonner. En toute hâte, sans les cérémonies d'usage, on lui donna l'Extrême-Onction. Il s'était recueilli dans sa vision et n'en sortait même pas pour mourir.

Demeurons, Messieurs, sur cette impression de grandeur simple, de paix, de reposante lumière qui nous vient de la fin d'une grande œuvre et d'une vie silencieuse mais pleine [1].

Dans le cours de la conférence, le portrait

1. *Un prêtre continuateur de Le Play : Henri de Tourville (1842-1903)*, par Claude BOUVIER, Paris, Bloud, 2ᵉ éd., 1907. 150 p. in-12.

des métamorphoses séculaires de la Philothée de saint François de Sales, devenue certainement plus anglo-saxonne que lyonnaise au début du xxe siècle, fut très goûté de l'auditoire qui ne ménagea pas au conférencier ses applaudissements.

La même conférence fut donnée une seconde fois à l'Institut catholique de Toulouse, où Claude fut invité par son ami, Mgr Batiffol. Elle y eut, devant un auditoire bien différent de celui de Lyon, le même succès et y suscita le même enthousiasme.

Les travaux dont nous venons de parler avaient été remaniés et complétés, de sorte que des conférences primitives il était sorti de véritables livres. Deux autres conférences, écrites par Claude, ont été insérées telles quelles par les directeurs de la « Bonne Presse » dans leur recueil *Les Conférences* : l'une traite de *L'affaire Galilée*[1], l'autre envisage *Une gloire laïque : Denis Diderot*[2]. Ce sont des travaux de vulgarisation qui mettent en œuvre les recherches érudites d'un Vacandard et d'un Grisar, pour l'affaire de Galilée, et des historiens critiques de la littérature française pour le jugement à prononcer sur Diderot; mais cette vulgarisation était

1. *Les Conférences*, n. 186, p. 1-26.
2. *Les Conférences*, n. 478, p. 737-765.

conduite par l'auteur avec une grande honnêteté, une volonté formelle de ne point faire d'apologétique aux dépens de la vérité, une clarté d'exposition, une finesse de jugement, un respect des nuances qu'apprécièrent vivement les directeurs des cercles d'étude et les prédicateurs en quête d'instruments apologétiques. La conférence sur Diderot, en particulier, fut une révélation pour les amis de Claude. L'enjouement habituel de son humeur fait ici place à une manière alerte et violente, dont l'origine est dans l'indignation que provoquent chez lui toutes les turpitudes de cette « gloire laïque ».

Comme la célébration du bicentenaire de Diderot avait amené Claude à regarder de près ce « tâcheron de l'Encyclopédie », ainsi le projet d'ériger une statue à Michel Servet le conduisit à faire une étude approfondie de ce héros de la libre pensée. Pourquoi une statue de ce personnage dans un jardin public de Vienne? Le prétexte en était que cet hérésiarque avait été emprisonné à Vienne, jugé et condamné par défaut à être brûlé vif conformément à la législation en vigueur de son temps. Mais d'autre part, personne n'ignorait qu'il avait pu s'échapper de la prison, grâce aux facilités que lui en avait laissées l'archevêque de Vienne, Pierre Palmier, et que c'était à Genève, où il s'était réfugié, que Calvin l'avait fait condamner à mort et exécuter en haine de ses doctrines. Tout ce que cherchait à Vienne le groupe des « libres-penseurs » c'était l'occasion d'une manifestation anticléricale à laquelle participeraient deux ministres et d'autres invités de marque.

Claude entreprit, non point d'empêcher l'érection matérielle de la statue, mais d'ôter son venin à la manifestation dont elle fournirait le prétexte. Il commença par se rendre maître de son sujet, en l'étudiant avec toutes ses ressources d'intelligence et de critique, s'informant d'original par un long et pénible travail de documentation poursuivi avec patience, au prix même d'un séjour à Paris et de longues heures à la Bibliothèque nationale. Ce fut l'origine de la brochure consacrée en 1908 à *La question Michel Servet*[1]; avec une haute conscience et sérénité, l'auteur retrace la carrière de Michel Servet, caractérise son état d'esprit et de croyance, essaye de démêler le degré d'originalité de ses travaux et découvertes sur la circulation du sang, et raconte les deux procès de Vienne et de Genève.

1. Claude BOUVIER, *La question Michel Servet*, Paris, Bloud, 1908, 62 p. in-8° (Collection Science et Religion). — Claude réduisit aussi son travail aux dimensions d'une conférence « Le cas de Michel Servet » dans les Conférences de la Bonne Presse (n. 369).

Lorsqu'il fut maître de son sujet, il entreprit la campagne d'opinion et rédigea pour le presse régionale, et même pour *la Croix* de Paris, de petits articles, nourris et acérés, dignes du polémiste le plus expert et le plus mordant.

Il opposait la tolérance de l'Église pour les menées, même déloyales, de Michel Servet, à l'intolérance farouche de Calvin, et ramenait les esprits par une discussion courtoise, fine et caustique, à la considération de la vérité des choses.

Donnons au moins un spécimen de cette polémique pleine de verve et d'ironie. **Notre** journaliste d'occasion exécute d'abord du point de vue artistique le projet du sculpteur Joseph Bernard :

Donc à Vienne, Servet, homme de la Renaissance, au visage effilé et fin, orné au menton d'une longue barbiche, d'après les estampes, sera représenté, contrairement à l'idée traditionnelle qui s'est répandue, comme une sorte de Titan qui ploie sous la douleur. On donnera au « martyr » un corps, des muscles herculéens. On lui donnera néanmoins une **tête de Christ**, car il faut bien qu'il soit le Christ de la librepensée...

Au bas de la colonne où se tord le corps du supplicié, de chaque côté, deux groupes. D'abord la librepensée naturellement ! Elle soulève le bandeau mis sur les yeux de la jeunesse par la superstition. A en juger de loin par les images que nous avons sous les yeux, la libre-pensée doit ressembler à un formidable éteignoir : ce qui serait étranger, assurément, à la volonté des organisateurs et de l'artiste.

Nous souhaitons que la vue directe du monument corrige cette interprétation. Mais il semble que, même de près, rien ne corrige l'impression fâcheuse laissée par le groupe de droite, qui représente le remords ou, si l'on veut, le fanatisme en fuite. Vu sur les cartes postales, ce personnage semble une immense gargouille, projetée hors des lignes architecturales du monument. Le fanatisme a, du reste, le crâne pointu vers le faîte, et porte une vague tonsure ou couronne monacale. Et il a une façon de se frapper de la main l'épaule, au sommet du dos, que connaissent bien les gamins de Paris. Cela manque d'élégance, mais vous ne voudriez pas que le fanatisme fût élégant. Cela se réclame, au surplus, de Rodin, parce que c'est vigoureux, inachevé, plein de pensées... C'est le droit des artistes aujourd'hui de nous imposer leur parti-pris : inclinons-nous. Mais quels pieds ont tous les héros de M. Bernard ! tous immenses et permettant de concevoir l'indéfini. Si des docteurs anglo-saxons viennent à l'inauguration, je doute qu'ils en aient vu de plus beaux dans leurs patries respectives, et il est à espérer qu'ils emporteront une fière idée de notre race latine. Ces pieds doivent s'expliquer aussi par des symboles. Il s'agit seulement de les comprendre. Ils ne se révèlent point aux gens qui ne comprennent point.

Et après avoir rappelé la conduite pleine de bonté de l'archevêque de Vienne envers Servet, il ajoute :

Et c'eût été une série de beaux thèmes pour les bas-reliefs que ceux-ci :

— Servet accueilli par Palmier en son palais, sous un nom d'emprunt...

— Servet se livrant à ses travaux et dédiant au prélat ses livres de géographie et son édition de la Bible...

— Servet présidant en secret une réunion d'hérétiques dans la ville de Palmier...

— Servet allant à la messe après cela...

— Servet imprimant un livre impie dans le voisinage de son hôte et patron catholique...

— Servet ouvrant les portes de sa prison avec la clef du geôlier de l'archevêque...

Et si l'on voulait à toute force un Servet *brûlé vif*, on aurait pu ajouter encore un Servet brûlé par la justice ecclésiastique, mais en effigie, c'est-à-dire *en carton*.

Ce dernier motif, il faut le reconnaître eût été difficile à réaliser en sculpture, mais qui « fait du Rodin » peut plus qu'il ne croit[1].

La maîtrise de l'historien polémiste en imposait. On essaya à peine de lui répondre. La cérémonie civile se passa sans éclat. Les invités de marque firent défaut. «On dut se contenter, écrit Claude, d'un personnage imprécis, docteur de Berlin, et du président du Massachusetts qu'on ne peut rembarquer. »

Une circonstance locale, non de polémique mais d'édification, nous valut, après *La question Michel Servet*, une étude très poussée sur

1. Signé C. A. dans *La Croix* de Paris.

Vienne au temps du Concile[1]. Il s'agit du concile œcuménique de 1311 à 1312. Elle fut lue à Vienne au Congrès eucharistique diocésain de 1911. Comme d'habitude, Claude s'était fortement instruit du sujet avant d'aborder la composition. « Voici, écrit-il, que mon rapport commence à être assez documenté. J'ai repassé chaque ligne pour vérifier sur quelles preuves elle repose et ce travail m'a coûté plus que la rédaction. » Pour mieux dépeindre l'extérieur, du Concile, Claude sut mettre à contribution la relation peu connue jusque-là des envoyés catalans. Ce rapport, écouté avec beaucoup d'attention et de plaisir par ses compatriotes, fut accru de quelques compléments puis publié en tirage à part pour en permettre la diffusion. Ce travail reconstituait une page de l'histoire locale et fournissait des détails à l'histoire générale ; mais il ne comportait pas d'étude doctrinale sur les points de théologie abordés par le concile.

La leçon d'histoire que Claude donnait si consciencieusement à ses compatriotes se termine par une leçon morale inspirée d'un haut souci d'éducation. Après avoir noté que les années 1311-1312 marquent l'apogée religieux de

---

1. Claude BOUVIER, *Vienne au temps du Concile (1311-1312)*, Paris, Picard, et Vienne, Martin, 1912, in-8° de 66 p. (Extrait du Bulletin de .a Société des Amis de Vienne.)

Vienne, qu'elles sont les dates les plus brillantes des annales chrétiennes viennoises, il termine ainsi son rapport :

Nous avions des dates plus émouvantes, 177 par exemple, l'année de nos martyrs. Mais jamais plus qu'au début du xive siècle notre petite vie locale n'a côtoyé l'histoire générale.

Cette conviction vous rendra plus chère notre vieille ville, ses églises, son Saint-Maurice... En visitant certains quartiers, certaines rues, vous vous féliciterez que leurs noms évoquent pour vous des images moins imprécises. Si jamais du reste les historiens venaient à se taire, les pierres de nos monuments, tout imprégnées de souvenirs, vous parleraient. Vous voudrez, à votre tour, qu'elles parlent à vos fils et à vos filles. Au premier âge, c'est mieux aux vieilles pierres qu'aux livres qu'on étudie avec fruit. Et les enfants ont beau ensuite éviter les sujets graves, il suffit que les hasards d'une promenade les mettent sérieusement en face du passé pour qu'ils ne puissent plus échanger des paroles banales. Ils subissent le charme. Il écoutent ces voix qui montent vers leur jeunesse, cette voix des morts — plus nombreux que les vivants — qui parlent en eux si glorieusement de leur pays. Accompagnez alors la leçon muette, Mesdames et Messieurs, de votre commentaire, répétez par exemple, un peu de ce que nous avons cherché à connaître ensemble aujourd'hui, et vous fixerez vos enfants, par d'imperceptibles attaches, à votre sol, à votre race, à votre foi.

Le chroniqueur du Concile ne s'absorbait pas dans ce seul travail; il se livrait à une recherche consciencieuse des principes inspirateurs du protestantisme en vue d'un article qu'il destinait au *Dictionnaire apologétique* publié par le R. P. d'Alès et qu'il achevait environ deux ans avant sa mort[1]. Il s'attachait surtout aux principes avoués par les protestants eux-mêmes, et il en instituait la critique ; néanmoins, sans prétendre faire de son article aux dimensions modestes un tableau des variations du protestantisme, il ne négligeait pas de décrire, en la simplifiant un peu, son évolution doctrinale.

Ainsi Claude, malgré ses nombreuses classes, un ministère des plus absorbants et les ménagements que lui imposait son état de santé, utilisait pour la défense de l'Église des talents auxquels on avait de plus en plus recours. Ses essais font regretter qu'il n'ait pas eu le temps de se livrer à des travaux historiques plus considérables, car ils attestent chez lui la qualité et l'étendue des dons de l'esprit. Le malaise qui a pesé sur les douze premières années de sa vie au collège avait son origine non dans des illusions de l'amour-propre, mais dans le sentiment obscur, mal défini, d'une force qui était réellement en lui et que les circonstances paraissaient alors lui interdire de por-

---

1. Article paru dans le *Dictionnaire d'apologétique,* à l'article *Réforme,* col. 792-810.

ter au plus haut point de valeur et de puissance.

II

L'un des ministères qui tout le long de sa
vie s'offrit à Claude en dehors de l'école fut
celui de la prédication. La chaire n'était pas
précisément le terrain pour lequel il se sen-
tit au début le plus d'aptitude ; mais il ne se
refusa point systématiquement aux invitations
des curés de la ville de Vienne et des environs.
Le premier de ses sermons fut prêché, croyons-
nous, dans sa paroisse pour la fête de l'Immaculée Conception ; sermon écrit, et appris par
cœur : il eût cru tenter Dieu et manquer de
respect à son auditoire de procéder autrement,
mais avec sa timidité naturelle il lui semble
risquer un « coup d'audace » de ne l'avoir point
su au préalable comme son *Pater*. Qu'est-ce
que la grâce de l'Immaculée Conception? que
nous apprend l'histoire au sujet de l'antiquité
de notre foi à cet égard? Il équilibrait en ces
deux questions les développements destinés
à instruire plus qu'à toucher. « Le lorgnon
de maître Jules, confie-t-il, obstinément bra-
qué sur moi ne m'a pas intimidé. » Pourtant
l'émotion qui fait l'orateur s'empara de lui vers
la fin de l'exorde : « Quand j'en suis arrivé à

l'*Ave Maria*, à la pensée que j'étais prêtre et que je parlais pour la première fois comme prêtre, mon pauvre cœur si sec, si froid, s'est animé un peu, ma voix s'est altérée et je me suis vite mis à genoux pour ne pas pleurer à l'exorde. Mes auditeurs se sont aperçus de mon émotion et l'ont probablement attribuée à une timidité : le malheur est que je n'ai plus cette heureuse timidité et cette modestie des jeunes prédicateurs qui ne lèvent ni les yeux ni la voix. »

Sa prédication, dès le début, fut extrêmement goûtée : les germes de talent étaient manifestes et, pour répondre aux invitations nombreuses, il dut renoncer quelque temps à soigner autant ses prédications et à écrire autre chose que des plans; « c'est peut-être un bien, remarquait-il, parce que le naturel y gagne ».

Jamais il n'élabora de théorie de sa prédication. Celle qui le dirige d'instinct tient tout entière dans ces quelques lignes adressées à un ami : « Soyez clair. Soyez simple. Mettez tout votre cœur dans ce que vous écrirez. Je crois qu'il y a dans ces trois points tout un traité de rhétorique sacrée. Pour ma part, je voudrais n'en pas connaître d'autre. » Ainsi la préparation qu'il recommande comporte le soin d'écrire. Il n'a garde d'y manquer ordinairement. Les nombreux sermons qu'il a laissés, écrits de sa main d'un bout à l'autre, attestent tout à la fois le soin qu'il prenait de la préparation et le zèle qu'il apportait à ce ministère d'enseignement et de consolation. Sermons d'adoration perpétuelle et de première communion; allocutions de circonstance en faveur de diverses œuvres; sermons sur la sainte Vierge à l'occasion de ses fêtes : Immaculée Conception, Assomption, Rosaire, Médaille miraculeuse, N.-D. Réconciliatrice des pécheurs; sermons pour des fêtes solennelles de l'année liturgique : Noël, Vendredi Saint, Pâques, Toussaint, Commémoraison des Morts; panégyriques de saints pour les fêtes des paroisses de la ville et des environs; toutes ces prédications traitent de sujets détachés, isolés, sans lien spécial entre eux, comme il est naturel de la part d'un orateur qui n'exerce point un ministère pastoral suivi, mais qui apporte aux chefs de paroisse le concours de sa parole, selon les circonstances.

Lorsque le surmenage apporta, dans la santé de Claude, les troubles dont nous avons parlé, il dut, à son grand regret décliner les invitations à monter en chaire. La fatigue de la station debout, les vertiges qui l'incommodèrent pendant près de douze ans le contraignirent à suspendre sa prédication. Il la reprit au commencement de la guerre, — avec quel zèle et quel dévouement ! — pour suppléer les vicaires mobilisés ; mais cette fois ce fut la mort qui brutalement le contraignit au grand repos.

Il est cependant une sorte de prédication qu'il put accepter dans les années 1910-1911 et 1912-1913 ; celle des entretiens à une Confrérie de mères chrétiennes. Elle s'adressait à un auditoire plus restreint ; le conférencier demeurait assis, fournissait un moindre effort, et échappait à l'insupportable préoccupation du vertige. Mais surtout Claude fut séduit par la mission qui s'offrait à lui : exposer devant des mères les idées qui depuis si longtemps mûrissaient en lui relativement à l'éducation, leur montrer l'autorité dont elles sont investies dans leur famille en vue même du rôle qui les attend, leur signaler les aspects si variés des immenses devoirs qu'elles y remplissent, les erreurs, les méprises qu'elles y commettent en si grand nombre,... quel puissant attrait pour son zèle ! Et sans trop mesurer ses forces il entreprit la tâche dans laquelle se déployèrent à leur vraie mesure tous les dons de son esprit et de son cœur.

Claude en « présentant » au public lyonnais le personnage d'Henri de Tourville avait nettement discerné le tournant de la vie de ce penseur, lorsqu'à la transmission de l'héritage s'était substituée dans son esprit la bonne éducation des enfants comme la fonction la plus haute, la plus essentielle de la famille. Et, depuis plus de vingt ans que lui-même s'était consacré à la formation des enfants, quel riche trésor d'expérience était venu enrichir son esprit naturellement observateur, et dont il ferait bénéficier des femmes de la société de Vienne capables de le comprendre.

Les deux séries de conférences ont été publiées après la mort de l'auteur dans le volume de *L'Éducation religieuse*[1].

Le succès en fut immédiat. Les lecteurs de cet aimable volume sont ravis de s'y entretenir moins avec un auteur qu'avec un homme : esprit large qui entend l'éducation religieuse comme une formation générale de l'âme, où le souci d'une haute conscience morale se mêle à celui de la piété et de la prière ; esprit éclairé, qui a aimé pour lui-même, et qui aime chez les autres de fortes études religieuses, de nourrissantes lectures, la fréquentation d'une société attentive aux choses de l'esprit ; cœur fort, qui donne dans la formation chrétienne

---

1. Claude Bouvier, *L'Éducation religieuse, Entretiens à des mères chrétiennes* (Préface par M. Audollent, vicaire général de Paris), Paris, Gabalda, 1916 (4° éd. 1923), XIX-329 p. In-12.

toute la place qui leur revient de droit à l'application au travail et à l'amour du sacrifice ; — âme conquérante qui incorpore à la vie religieuse de tout chrétien l'exercice de la tâche apostolique avec sa sublimité et sa douceur, et qui propose d'orienter les générosités de la jeunesse vers la pratique d'un zèle, humble et discret sans doute, mais plein de confiance et d'initiative.

Puisque nos lecteurs peuvent se reporter au volume publié, il n'est pas nécessaire de rapporter ici de très longues citations. Mais il est à propos d'insister sur la perfection de la forme qui place le simple lecteur de ces entretiens sous un charme très voisin de celui subi naguère par les auditrices.

Deux ou trois exemples suffiront pour indiquer en quelques lignes la finesse des observations psychologiques et la force de suggestion de certaines remarques. L'auteur vient de signaler les idées nouvelles, les acquisitions intellectuelles dont s'enrichissent les jeunes gens au cours de leurs études et dans leurs débuts de carrière, alors que leurs connaissances religieuses sont demeurées stagnantes : « Il y a alors en eux un homme et un enfant : un homme pour la culture humaine, les sciences, le droit, la médecine, les affaires, un enfant pour la science divine. Croyez-vous qu'ils pourront cohabiter, cet homme et cet enfant, sans que l'un expulse l'autre? »

Ailleurs, dépeignant par divers exemples les influences du regard posé par Jésus sur les âmes, il achève sur cette perspective. « C'est le regard sur ce jeune homme qui avait de grands biens, et à qui il proposa le parfait... Et si l'on va, sous ce regard, loin de l'amour infini dont il rayonne, on ne peut que s'en aller triste dans la nostalgie des vertus rêvées et des héroïsmes méconnus[1]. »

L'Éducation religieuse contient, à la fin du volume, le texte d'une conférence qui fut prononcée, sur l'invitation du recteur des Facultés libres de Lyon, Mgr Devaux, à l'ouverture du Cours d'enseignement supérieur pour les jeunes filles (1907). Si l'on ne savait à quel point sa vie laborieuse avait été surchargée de travail, l'on s'étonnerait que les qualités

---

1. *L'Éducation religieuse* renferme les entretiens suivants : La mère et l'éducation religieuse de ses enfants. — Eveil du sens religieux. Éducation de la prière. — Éducation de la foi chez les jeunes gens. — Éducation de la foi chez les jeunes filles. — Éducation du repentir. — Éducation du travail. — Éducation de la conscience; trois entretiens : 1) Eveil, première formation; 2) Les fausses voies, la direction; 3) Les crises, l'indépendance. — Éducation du sacrifice. — Éducation du zèle.

Ont été réimprimés à la suite de ces entretiens l'article *Péchés de mères* relatif aux vocations ecclésiastiques, et une conférence prononcée à l'Institut catholique de Lyon sur *Le besoin d'une éducation supérieure chez les femmes.*

de finesse, de tact, qui distinguaient l'ancien catéchiste du Sacré-Cœur à St-Sulpice, n'aient pas été employées à quelque ministère fructueux près des jeunes filles. A diverses reprises, des dames de Vienne, mères de famille surtout, tentèrent des démarches auprès de divers curés de Vienne pour obtenir la création d'un cours de religion que l'abbé Claude ferait pour leurs filles. Celui-ci prit son parti, non sans regret, de l'insuccès des tentatives. L'élévation des pensées exprimées dans le discours de Lyon, la sagesse des jugements prononcés, le prudent discernement de ce que les circonstances permettent ou déconseillent, laissent assez voir quelle opportunité eût offert aux jeunes filles de Vienne, pour leur vie intellectuelle, le concours d'un tel maître.

Cependant Claude saisissait discrètement les occasions d'encourager les jeunes filles qui sentaient le besoin d'une culture plus étendue et plus personnelle. L'une d'elles ayant organisé, à force d'énergie et de persévérance, un cercle d'études sous une forme un peu nouvelle, il applaudit à cette initiative et donna ses avis sur les sujets traités et sur les travaux à entreprendre.

Un peu plus tard, il reçut officiellement la mission d'assister de ses conseils les Noëlistes de Vienne, en qualité d'aumônier. Ce fut grande joie à ces jeunes filles de le voir tous les mois prendre part à leur causerie sur le sujet proposé par leur journal. Si elles se réjouissaient fort des petites ironies, indiquées plutôt que soulignées par la gracieuse malice du regard, elles s'instruisaient bien davantage dans des conversations où elles apprenaient la pratique des meilleures vertus intellectuelles. L'impression la plus vive qui leur est restée de ces entretiens, est celle de la complexité inaperçue des moindres questions ; la leçon la plus durable reçue de leur aumônier est celle de la droiture avec laquelle il convient d'aborder l'examen des difficultés, de l'humilité intellectuelle ou soumission au vrai qui s'allie si bien dans une âme forte avec une manière personnelle de penser et une prudente indépendance d'esprit. Chose curieuse ! la timidité des jeunes filles tombait très vite devant celle du prêtre dont la supériorité s'imposait cependant avec évidence, et elles arrivaient à exprimer clairement leurs opinions et à les défendre avec aisance. Claude goûta de plus en plus ce ministère qu'il avait été tenté d'abord de considérer comme peu important. Il en eût assurément obtenu de beaux fruits dans la suite ; mais la guerre, puis la mort en interrompirent le cours.

*
* *

Tous les aspects de cette vie si bien employée, mais qui semblait encore promise à tant d'activité, sont à chaque instant ponctués par la plainte du poète : *Pendent opera interrupta.....*

Est-ce une consolation de considérer que les rares qualités de son exquise nature avaient atteint leur point de perfection? C'en est une en tout cas pour ses frères, ses amis et ses enfants spirituels de penser que la Providence le regardait comme un épi mûr pour la moisson.

CHAPITRE IX

LA SPIRITUALITÉ PERSONNELLE
ET
LES DERNIERS JOURS

Sommaire. I. La spiritualité de Claude. — II. Les derniers jours.

Avant de raconter les événements douloureux qui se sont déroulés durant les derniers jours de l'abbé Claude Bouvier et qui ont peut-être amené sa fin soudaine, il ne sera pas inutile de rappeler quelques notes de ses dernières retraites et de caractériser sa vie spirituelle. Il eût souri le premier, s'il avait pu penser que l'on parlerait jamais de « sa spiritualité ». Et cependant il en a donné, sans s'en douter, une expression dans un long soliloque paru au *Bulletin des Anciens Élèves de St-Sulpice*. C'est le morceau intitulé *Novembre Sulpicien*[1]. Car si Claude a une spiritualité, ce

1. Paru dans le numéro de novembre 1910 et réimprimé dans *Éducation sacerdotale*.

fut dans sa manière personnelle de ressentir et de traduire l'idéal sacerdotal qu'il s'était formé au contact des sulpiciens et par leurs leçons. Lui-même nous dit que le morceau dont nous parlons n'est pas une « méditation selon les règles,... mais plutôt une élévation », et davantage encore un « recueillement »; dès l'abord, il plane « très loin de Saint-Sulpice, de l'ancien et du nouveau : loin dans le temps, dans l'espace... ». Il utilise des « impressions ». Prenez ce mot, comme il l'entend lui-même, non pour désigner de fugitives émotions sensibles, mais les traces profondes, gravées dans son âme par les exemples de vertu qu'il a tant admirés à l'époque de sa formation sacerdotale, et le sillon lumineux qu'ils y ont ouvert. La vie a passé là-dessus. « Les images, du séminaire, d'Issy surtout, gisent très atténuées dans un coin de ma mémoire. Je les visite volontiers, mais la poussière des routes parcourues couvre vite ces souvenirs d'importunes grisailles. Même les figures de nos maîtres, de nos frères d'alors, s'enveloppent d'ombre..... » Et, se retournant vers le passé de sa jeunesse, avec un regard donné aux feuilles mortes qui jonchent le sol des solitudes, il va par les charmilles ouatées de brume et de mystère, et conduit son pèlerinage en esprit jusque sous la lampe de Lorette..... Des

silhouettes imprécises, c'est tout ce qu'il voit
des jeunes frères qui bientôt prendront dans le
saint ministère les places laissées vides. Pour
eux, sa prière demande ce que les aînés esti-
ment plus nécessaire « parce qu'ils ont vécu
davantage » : « Mettez de plus en plus, dit-
il au Christ, vos pensées à la place des leurs !
que votre volonté s'accomplisse par leurs volontés ! que jamais ils ne reculent devant vous,
toutes les fois que, les ayant emmenés au
chemin de la Croix, vous leur montrerez votre
Face douloureuse. » Et pour les aînés, dont il
est, il demande au Seigneur d'accorder un peu
de la joie, des forces, des enthousiasmes, de
l'idéal que les jeunes apportent à ses pieds.

Commencez par nous rendre un peu de notre jeunesse
pour la réjouir ensuite... Nous voudrions aimer les
vérités comme les aiment ces jeunes philosophes qui
les contemplent dans l'oraison et dans le livre... Nous
voudrions aimer encore les idées comme on les aime
avant d'avoir connu qu'il faut souffrir et qu'on peut
être combattu pour elles ; les aimer parce qu'elles sont
belles, justes, bienfaisantes, parce qu'elles portent le
reflet de votre face, et que vous voulez qu'avant toutes
choses on les répande, ô vous qui êtes né et venu en
ce monde pour rendre témoignage à la vérité !

De la chapelle, le visiteur gagne « le petit
cimetière où les serviteurs attendent la résurrection... » Il épèle des noms, il égrène des
souvenirs. De ces croix montent de graves

et persuasives leçons : « c'est de servir qui
importe... et non l'heure, le lieu, le rang
où l'on sert... Le vain tumulte de l'action extérieure est chose secondaire... La mort surtout
n'est rien, ce n'est que la dernière fonction du
prêtre : sur ce point, une tradition existe
aussi, et les tombes de Lorette le proclament...
Mais tous sont morts au service!... »

En même temps que les noms entrés dans
l'histoire ou dans l'oubli, ce sont des figures,
autrefois connues, aimées, qui passent et
repassent comme dans une vision, un peu effacées seulement. « Nous ne les trouvions pas assez
vivants, ces justes. Nous entrons mieux
aujourd'hui qu'au temps de la jeunesse dans
la signification de leur vie recluse : science
solide, si humble, façon d'enseigner où l'amour-
propre ne trouve pas son compte, dignité
impeccable, langage simple, modération impla-
cable... Peut-être bien que, pour traiter avec
les hommes et les sauver, il est nécessaire
d'exercer d'abord une influence pareille à
celle que ces défunts ont eue de leur vivant
sur nous... »

Les éloges répétés par les inscriptions funé-
raires s'accordent avec les souvenirs pour affirmer la grande et simple honnêteté de ces hommes
qui avaient « l'horreur du bruit, le goût de la
sincérité en tout, le culte de ce qui est juste

et vrai », de ces prêtres qui ne se mêlaient point aux intrigues, bannissaient la politique de leurs entretiens, fuyaient toute dignité et tout honneur, mais dont la vie monotone et dépourvue d'éclat fut « d'une fécondité admirable et d'une beauté tout intérieure ».

En ranimant ses souvenirs, en redevenant séminariste dans les allées d'Issy, en rendant témoignage à ses « bons maîtres », Claude entend « renouer, comme il dit, avec ce que l'esprit de notre famille ecclésiastique a de plus accessible et de meilleur... Vous demeurez pour nous les maîtres de la vie profonde. »

Ce « Novembre sulpicien » fut comme le chant du cygne. Au sommet de sa maturité Claude en ce « recueillement » rassemble les traits de la spiritualité dont s'est imprégnée sa jeunesse, et dont il a tâché de reproduire le long de sa vie le caractère distinctif. Au moment où les ombres descendent, et où le pressentiment de sa fin prochaine perce de toutes parts, il ne cherche point sa sécurité en des voies nouvelles. L'assistance qu'il demande à ses « pères », à ses « vrais amis », avec l'appui de leur intercession et de leur mérite, c'est de mettre sur lui, sur nous tous, « l'empreinte des traditions » qu'ils ont aimées. Dans ce morceau, le plus achevé peut-être qui soit sorti de sa plume, son âme s'est

exprimée avec ses sentiments les plus secrets
et ses aspirations les plus profondes.

. Dans une langue toute semblable, les
lettres de ses dernières années nous apportent
l'écho des mêmes dispositions intérieures :

Le bon Dieu en nous laissant où nous sommes, en
nous réduisant à des santés chétives, en ne permettant qu'un peu d'action individuelle, par le cœur probablement plus que par l'esprit, semble bien interdire
les grands desseins et les grands rôles.

Au 25⁰ anniversaire de son sacerdoce, un an
seulement avant sa mort, il écrivait à Mᵍʳ Batiffol, cette lettre bien caractéristique de son
abandon entre les mains de Dieu :

Vienne, 22 octobre 1913.

Cher Monseigneur,

Votre lettre d'hier m'a fait sentir combien vous
m'étiez ami. Elle m'aurait bien manqué... En ces anniversaires, on voit mieux son impuissance, ses infidélités à Dieu. On sent approcher la fin de tout et on
regarde ses mains vides, vides surtout de ce qu'on
avait le plus espéré faire. Vous avez bien raison de
croire que je ne désire rien de plus que ce que j'ai.
C'est le bon sens et c'est la paix. Mais c'est surtout la
volonté de Dieu clairement indiquée par les circonstances. Je me félicite souvent de n'être pas rendu plus
inutile encore. Je puis faire un peu de bien par l'action
individuelle : cela me console suffisamment. Quand
j'ai des regrets, car j'en ai, je me dis que, devant ma

conscience, tout n'est pas de ma faute dans la façon dont les événements ont tissé ma vie et réduit mon champ d'activité. Je vois qu'avec bien peu de chose, et sans changements essentiels dans ma vie, il pourrait se faire que j'eusse à m'employer davantage auprès des âmes. Je ne désespère pas que cela arrive encore, car il n'y a au fond dans ce désir aucune ambition, du moins que j'aperçoive. Et il me semble qu'il est dans la ligne de mon sacerdoce. Voilà une demi-confession que la solennité intime de cette soirée d'anniversaire me pousse à vous faire...

Dans la petite retraite qui avait précédé cet anniversaire, Claude avait terminé ses notes par ces mots :

En ce 25ᵉ anniversaire de mon sacerdoce, penser plus souvent à la mort — et *au ciel* (c'est lui qui souligne). Me rappeler à cet égard mes dispositions du Séminaire et le *Dominus regit me.*

Dieu conduit ma vie, mieux que je ne la dirigerais moi-même ! Telle est la traduction appliquée en pratique du *Dominus regit me.* Telle est la vue dominante de cette existence qui s'achemine vers l'acceptation, non seulement résignée, mais paisible, confiante des peines et des épreuves.

Toutes les épreuves de ma vie passée ont eu pour but ma sanctification : ai-je profité de ces grâces de choix ? Je ne sais. En tout cas, me fondant sur le passé, je dois considérer les épreuves présentes comme des grâces, et bénir et remercier Dieu d'un grand cœur.

Mon Dieu, que je devrais accepter plus doucement, plus joyeusement les maux que vous m'envoyez! Je cherche si peu les occasions de pénitence, que c'est un grand effet de votre miséricorde de me les procurer suivant mes besoins. Les peines que vous m'envoyez, Vous, Toute Sagesse, Toute Bonté, ne valent-elles pas à tous les points de vue celles que j'aurais choisies?

Grand sentiment de la bonté de Dieu dans ses conduites à mon égard quand il m'a rendu, par mes vertiges et mes appréhensions impossibles à maîtriser certains jours, la vie « extérieure » du ministère très difficile. Il m'a préservé de plusieurs périls : sûrement aussi, il m'a aidé par là à rester dans la place où il me voulait, le temps qu'il voulait. Et maintenant encore, Il me rassure en me rendant presque impossible de chercher ailleurs d'autres tâches où je ne ferais pas ce qu'il veut.

Une de ses épreuves les plus pénibles vient de l'obscurité, qui chez lui n'est pas tant manque de lumière qu'hésitation devant les multiples aspects ou conséquences possibles de ses actes; il saisit vite et voit très loin, et il se demande ce que Dieu veut de lui. C'était bien une épreuve, car, assez irrésolu pour lui-même, il est net et précis dès qu'il s'agit des autres; avec eux, il se sent le droit d'être plus charitable, moins sévère qu'avec lui-même. Aussi bien s'appliquera-t-il, dans ses retraites, à tourner cette obscurité même en élément de vie plus humble et tenue sous la main de Dieu :

Accepter l'obscurité comme une grâce, mais ne pas s'interdire d'agir parce qu'on ne voit pas, et cependant préférer, demander, chercher la lumière...

Intus timores... c'est la part de pénitence que je dois ajouter à mes œuvres de prêtre et de chrétien pour qu'elles soient trouvées bonnes devant Dieu...

J'ai donné si souvent à Dieu le droit de m'inquiéter, de me troubler pour me prouver qu'il est là... Ne pas m'étonner des épreuves intérieures qu'il m'envoie...

Sa plus dure mortification, tout le long de sa vie, naît de son esprit de zèle. Il pâtit moins de ses gênes et de ses souffrances que des restrictions qu'elles apportent à son activité, à ses désirs d'apostolat. Sa perfection la plus haute sera peut-être d'accepter, avec les obscurités du dedans, l'obscurité du dehors et la compression d'un cœur grand et généreux.

Ne pas trop désirer ce que je n'ai pas, même s'il semble bon et légitime...

Être bien persuadé, et joyeusement, que mon obscurité, si elle est laborieuse, sacrifiée, active, sainte, unie à celle du divin Maître à Nazareth, vaut mieux que plusieurs vies pour le bien des âmes; veiller à n'avoir plus l'orgueil de l'action tout en agissant...

Charité est vérité : les autres font *mieux* ce que je ne suis pas appelé à faire.

Les autres vertus chez lui se greffent sur l'acceptation de la volonté de Dieu. Quelques pensées détachées indiqueront assez, par le relief des formules, la tournure de sa vie intérieure.

Humilité d'abord :

Honneurs inutiles ou sans portée pour influence utile : à mépriser. Dégoût.

Humilité de cœur surtout : accepter d'être méprisé, oublié, renié, privé de retour dans mes affections.

Sur la pauvreté, à laquelle il revient assez souvent, il a cette belle pensée :

Considérer souvent ce que j'ai comme déjà entre les mains d'autrui et du bon Dieu, ainsi qu'il arrivera après ma mort et autant que possible dès à présent... M'en réjouir... En remercier Dieu, être son *économe* dans l'administration de mon petit avoir...

A l'esprit de pauvreté, il joint aussi la pratique dans une mesure discrète mais appréciable.

En esprit de pauvreté et de mortification, accepter quelques besognes matérielles, manuelles : faire mon lit, balayer, etc., etc..

L'année suivante, il note simplement à propos de ses aumônes : « Demi-pauvreté religieuse. »

Les sources de l'esprit surnaturel qui se montre dans sa vie, sont dans des rapports intimes très tendres avec Dieu, avec Notre-Seigneur : « Pas de lointain ou de vague dans nos rapports ! »

Des exercices de piété qui avaient passé tout naturellement du séminaire dans sa vie sacerdotale, et auxquels, de volonté, il reste toujours fidèle, même quand l'altération de sa santé y apporte quelque trouble, il en est deux qui ont fait davantage sa force et la consolation secrète de sa vie : la célébration de la sainte messe et la récitation du chapelet. Les notes de retraite de la fin de sa vie portent cette indication :

Sainte messe, malgré les fatigues habituelles, maintenue de plus en plus comme le meilleur élément de fécondité de mon petit ministère, de ma joie, de ma consolation dans la grande peine actuelle (stérilité apparente et réelle de ma vie de prêtre, défaut d'occasion pour faire le bien qui me paraît accessible...). Autre consolation : visite du soir à Notre-Seigneur et à Notre-Dame.

La récitation du chapelet lui était une consolation très douce. Il y était fidèle tous les jours, et lorsque quelque souffrance lui interdisait le travail, il allongeait volontiers, en dédommagement, la conversation cordiale avec la « Vierge fidèle » qui avait tenu toujours tant de place dans sa vie. Par ce trait aussi, Claude demeura toujours disciple et enfant de Saint-Sulpice.

Les aspects de sa spiritualité, retracés d'année en année dans ses notes de retraite, nous renvoient, avec moins de poésie peut-être, mais avec les mêmes teintes douces,

l'image que nous a laissée l'élévation du
« Novembre Sulpicien ».

II

En 1914, Claude Bouvier avait pris ses
mesures pour passer les vacances, comme de
coutume, dans une altitude, en la société de
son frère Henri et de sa sœur Valérie; cette
fois c'est en Suisse qu'il se rendit, dans le
Maderanerthal, sur le chemin du Gothard, et
qu'il rejoignit trois de ses amis les plus chers
Mgr Batiffol, l'abbé Hemmer, M. Venard. Mais
à peine passèrent-ils quelques jours tran-
quilles, en cette fin de juillet, dans le repos du
grand air et dans la joie de se revoir. Bientôt
les dépêches signalèrent la tension entre
l'Autriche et la Serbie, et les menaces pour
l'Europe d'une conflagration générale. Les
journaux et les correspondances arrivaient
avec du retard dans cette retraite lointaine.
Les hôtes étrangers la désertèrent en hâte.
Claude et sa famille, sous l'empire d'un besoin physique de repos, y demeurèrent jusqu'à
la dernière extrémité. Mais ensuite, ce fut
la descente précipitée de la montagne vers
Lucerne, Berne, les arrêts forcés, l'exténuant
voyage de retour par Genève et Lyon. De ce
rapatriement éperdu, une lettre de Claude,

raconte les principaux épisodes, avec une note accentuée d'émotion et de confiance :

Vienne, août 1914.

Mon cher P.,

Quelle joie d'avoir une lettre de vous, et surtout cette lettre si confiante, si simple, qui va me permettre de causer avec vous sérieusement, mais cœur à cœur.

Je l'attendais. Je la croyais même perdue cette pauvre lettre, car *nous* avions dû fuir la Suisse un beau dimanche, en y laissant notre courrier et notre malle. Les journaux de langue allemande ne laissaient pas prévoir un coup si brusque. Quand il a été clair que la guerre éclatait, nous avons voulu devancer la mobilisation suisse. En toute hâte, par un soleil de plomb, par des chemins de chèvre, avec nos paquets sur le dos, nous sommes descendus, mon frère Henri et moi, rejoindre Amsteg, une des stations de la ligne du Saint-Gothard. Il n'y avait plus d'express. C'est de train omnibus en train omnibus que nous avons couru jusqu'à Berne, pendant que les soldats suisses arrivaient tout équipés aux gares, où les attendaient des foules silencieuses.

A Berne, arrêt forcé en pleine nuit. On vend des journaux — toujours de la langue allemande — qui disent les pires choses sur notre *écrasement*. Ce qui rend les appréhensions légitimes, c'est de voir refoulés à la gare des gens de toutes nationalités, qui sont venus se heurter vainement aux portes de Delle et de Bâle. Des montagnes de malles s'empilent sur les quais, abandonnées des propriétaires. — Enfin, un express pour Genève ! Et à Genève, un train — le dernier vers la

France, du reste acclamée des Genevois — nous mène à Bellegarde où, de nouveau, il faut descendre. Après avoir parlementé quelques heures, le commissaire de frontière nous a laissés repartir par les fourgons de mobilisation, où l'on a été parfait de bonté, d'attentions pour ma sœur et pour nous. Par votre retour de Besançon, vous avez été à même de juger de l'enthousiasme qui régnait partout. C'était à faire pleurer de fierté et de joie. Il faut avoir vu cela, n'est-ce pas?

A Vienne, après ce raid de 36 heures sans sommeil et presque sans nourriture, on se serait cru dans un rêve. Plus d'habitants; des soldats, une forteresse. La circulaire de congrégation vous a dit l'aspect étrange de l'École dans cette nuit du 3 août. Figurez-vous que cela n'a guère changé depuis. Sauf la chapelle (encombrée de débarras) et le réfectoire, toute la maison est une caserne. La cour est transformée en cuisine et champ-de-Mars; la quatrième, en poste de police; la seconde, en salle d'habillement. Des soldats dorment sur la paille là où vous dormiez. Les sous-officiers sont en philosophie et à la bibliothèque. On s'éveille, on se couche au son du clairon et du tambour. Des plantons montent la garde aux portes...

Presque *tous* mes élèves depuis 25 ans sont sous les drapeaux, beaucoup aux avant-postes, autant qu'on a pu le savoir. J'y ai aussi plusieurs cousins. Mon frère le jésuite est revenu d'Angleterre, nous apportant de bonnes nouvelles de là-bas. Sa « classe » va probablement être renvoyée, et nous le gardons quelques jours. Quant à nous, les occupations ne nous manqueront pas. On a fondé ici, comme partout, beaucoup d'organisations excellentes pour l'assistance aux pauvres et aux malades. Il y a presque trop de Croix-Rouge, et c'est à qui portera le brassard! Cela devient même une mode. Mode charmante pourvu qu'elle

ne dégénère pas en *bluff,* ce qui serait fâcheux dans
un temps où il faut être simple. Jusqu'ici, dans nos
ambulances, les blessés manquent. Hélas! on en
fabrique à la frontière et il n'y a pas à se plaindre de
cette disette.

Dans le jugement qu'il porte dès le début
sur la guerre, et dans les consolations
qu'il prodigue autour de lui, Claude part
d'un grand fond d'optimisme, mais dépourvu
d'illusions. Une lettre qui, à distance, paraît
singulièrement plus clairvoyante que la plu-
part des articles de presse, nous dit son sentiment intime sur l'issue de la guerre : « Je
crois que nous aurons la victoire, mais dans
bien des années, et après que le bon Dieu
nous aura fait sentir que nous ne l'avons pas
gagnée par nos mérites. »
Au milieu de l'agitation confuse qui caractérise surtout les premiers jours de la guerre,
Claude n'oublie pas ses congréganistes. La
rentrée du collège est trop loin pour son cœur
impatient. Pour ses « chers enfants » dispersés, il reprend l'essai, abandonné naguère, de
la circulaire de vacances; il rédige plusieurs
numéros d'un journal de guerre, original mélange où ses jeunes lecteurs trouvent un peu de
tout : le tableau de leur École muée en caserne
et bientôt en ambulance et en dépôt d'éclopés,
des nouvelles des premiers soldats partis vers

l'ennemi, les noms des premiers morts et des premiers blessés, des exemples qui exaltent les cœurs, des conseils surtout, capables d'établir le bon moral et le courage sur un fond solide de bonne conscience.

La première lettre, courte, se terminait ainsi :

Que faire pour vous associer à la grande tâche patriotique dont tout le monde veut sa part ? — La réponse est bien simple, tâcher de devenir *meilleurs*. Chaque victoire remportée sur nous-même, chaque péché évité, est en ce moment une victoire *française*. Pour secret que soit le combat et même s'il se passe à l'intérieur de vos consciences, il a sa répercussion *à la frontière*. Il profite à chacun de nos soldats, à la France. Que Notre-Dame vous garde et protège tous ceux que vous aimez et dont le sort vous inquiète à bon droit!... Qu'elle vous rende bientôt à notre école!

Les deux circulaires suivantes du mois de septembre s'allongent en manière de journal-revue. Toutes les notes s'y rencontrent : la note émue, la note gaie, celle de tristesse et celle de fierté, et tous les sentiments aussi de compassion, de tendresse et d'admiration pour les soldats et pour les jeunes gens, voués au sacrifice. Détachons seulement de ce recueil, unique en son genre, deux ou trois tableautins.

Dans la matinée, assis en cercle autour des cor-

beilles et des marmites, les soldats pèlent les patates
avec plus d'entrain. Ce qu'on échange de « bonnes
blagues » dans la cour du Midi ! Quand on ne sait plus
que dire, chacun montre son petit talent : on imite les
cris de tous les animaux de la création. Ahurissement
du cuisinier en chef qui défend sévèrement son domaine.
Il a mis devant ses chaudrons qui fument en plein air
sous les platanes, une inscription étourdissante :
Défense au public d'entrer.

Tout le monde dort, rit ou chante. Mais jamais un
mot de trop ! En temps de guerre, on se respecte.
Et puis, on a pour voisins des *curés* qui sont des amis !
A preuve qu'on se serre la main dans tous les coins,
qu'on bavarde comme des écoliers en faute sous l'œil
indulgent des sous-offs.

La figure émaciée du P. Vincent, professeur à l'École biblique de Jérusalem, se pro-
file sur quelques feuillets :

Entre temps le P. Vincent nous fait le grand honneur de nous demander l'hospitalité : il attend ici que
M. de Mun lui découvre une place d'aumônier militaire... A Vienne, le P. Vincent est pris comme espion
jusqu'à sept fois dans la même journée ; c'est au point
que le commandant de place juge bon de le faire protéger par un planton. Grand ébahissement des Viennois quand il ont lu le lendemain ce communiqué du
ministère des Affaires Etrangères : « Dès que l'ordre
de mobilisation est arrivé à Jérusalem, les Français
ont voulu profiter du départ du *Calédonien*... Il fut
impossible de convaincre ceux qui étaient délicats ou
malades que le voyage serait inutile ou dangereux
pour eux. Parmi les religieux embarqués on cite le
P. Vincent. Le savant archéologue s'en est allé à ses

propres frais, laissant inachevé son grand ouvrage sur Jérusalem. »

Nous apprenons plus loin que, la place d'aumônier se faisant attendre, le P. Vincent pour se consoler s'offrit à l'hôpital de Vienne « où il remplit à toute heure du jour et de la nuit les plus humbles offices de garde-malade. Impossible de l'aider, nous en savons quelque chose, tant il aime ses malades... Il ne dort bien qu'au milieu de ses soldats, assure-t-il. Et pourtant elles sont longues, angoissantes, leurs nuits de souffrance ! »

Ajoutons que plus tard, le ministère Clémenceau s'étant avisé de la valeur exceptionnelle de l'homme, confia au P. Vincent un emploi au ministère de la Guerre ; le savant prêtre y fut repéré par les hommes politiques, députés ou sénateurs, qui venaient en grand nombre se documenter, entre deux séances, auprès du religieux qui connaissait à fond les pays d'Orient[1].

Enfin Claude a la douleur d'annoncer à ses enfants la mort du premier de leurs camarades tombés à l'ennemi.

31 août. — Très ému, Jean Lentillon nous apporte de Condrieu la nouvelle de la mort de Gaston Chapot, à Albervillers d'Alsace. On ne sait que ce détail :

---

1. Le P. Vincent, originaire du Dauphiné, était de passage à Vienne où il était un familier du collège Saint-Maurice.

à sa dernière lettre, il racontait avoir déjà pris part à huit engagements. Blessé légèrement le 21, il a voulu, dès le lendemain, retourner avec ses camarades ; c'est alors qu'il est tombé.

C'est le premier de nos fils, — et de vos frères, mes enfants, — qui ait donné sa vie au pays ! Saluez respectueusement cet aîné ! C'était un membre actif de l'A. C. J. F. (Association catholique de la **jeunesse française**). C'était un congréganiste exemplaire. Un *apôtre*, mes enfants, qui est devenu un *héros* au jour voulu de Dieu. La réalité est quelquefois aussi belle que nos rêves, souvent plus. Nous nous le représentons très droit et très pur, le front haut, marchant au combat, à la mort comme à une fête, sans penser à autre chose qu'à son devoir, à la joie d'*entraîner enfin des camarades*. Nous le pleurons, mais si vous saviez comme nous sommes fiers de lui. — Qu'il nous protège de là-haut ! Qu'il offre son sang en réparation des fautes de la France, de son petit pays, de son École ! Que l'image de cet enfant, qui fut votre ami d'hier, vous poursuive, s'il le faut, dans l'égoïsme de la mollesse et des plaisirs, mais surtout qu'elle vous aide à être vaillants, autant que vous le souhaitez tous, à mépriser tout ce qui n'est pas noble et grand, à reconnaître enfin l'idéal qui gisait peut-être en vous, à votre insu ! — Mon Dieu, qu'il avait horreur de toutes les médiocrités et de toutes les lâchetés d'âme ! De cela seul, il a vraiment souffert. De cela, il ne souffrira plus.

Que ces quelques extraits donnent au moins l'idée des hautes leçons et du mâle langage que les élèves de Saint-Maurice, et plus spécialement les congréganistes, entendaient de la bouche de leur maître.

Qu’ils fassent aussi saisir les vibrations douloureuses qui, à l’insu de ses amis et collègues, accablés comme lui de travail, usaient rapidement les forces de son cœur.

Depuis longtemps la lame chez lui usait le fourreau, la flamme intérieure brûlait l’organisme. La guerre surexcite en lui toutes les ardeurs du zèle et du dévouement. Il ne regarde plus à ses forces et n’entend pas, ou bien n’écoute plus les avertissements précurseurs de catastrophe. Professeur, il veille sur ses élèves et prépare ses classes pour l’année qui approche ; prêtre, il répond à l’appel des curés de Vienne dont les vicaires sont mobilisés. Il accepte à Saint-André-le-Bas un confessionnal et se livre à ce ministère qu’il avait tant désiré autrefois, avec un entraînement que redouble l’affluence des fidèles. Triomphant de ses malaises, il remonte en chaire pour y faire entendre les « leçons de la guerre » et les consolations de la foi. Au collège, il s’occupe des malades, des éclopés, surtout des soldats qui partent pour le front : « Il en est plusieurs qui se sont confessés... au clair de la lune... bras dessus bras dessous avec le prêtre : à la guerre, comme à la guerre ! » Quêteur, il domine sa timidité pour aller en ville demander des ressources en faveur des soldats.

Il est très vrai, qu'il s'offre à tous les dévouements : « Je suis vicaire, quêteur, cantinier, et j'ai demandé à être infirmier. »

De temps à autre il entrevoit bien les limites de ses forces, et combien la nouvelle jeunesse qu'il semblait recouvrer pour suffire à tant de tâches était précaire.

A l'approche de la rentrée, il conçoit quelque inquiétude sur sa force de résistance :

Nous rentrons dans six jours, avec un personnel et des locaux de fortune... C'est fâcheux, car je ne suis pas très solide pour mon compte, et s'il faut continuer à faire du ministère en même temps, comme j'ai fait, je ne sais combien de temps j'y tiendrai (lettre du 29 septembre).

Oui, il devait continuer de se donner et de se dépenser. On a réuni, dans une aimable plaquette, quelques instructions prêchées par Claude dans ces mois terribles, le dimanche, à une messe tardive de la paroisse Saint-André-le-Bas[1]. Elles sont brèves comme des ordres du jour, pleines de suc pourtant : *Ayons confiance,* — *Se convertir,* — *Servir,* — *Dévotion à Marie en temps de guerre,* — etc., et la série se devait compléter par d'autres instructions dont on n'a retrouvé que les titres : *Prier,* — *S'unir,* — *Progresser.*

1. Claude BOUVIER, *Leçons de la guerre*, Lyon et Paris, 79 p. In-12, Vitte, 1915.

L'une des préoccupations principales de
Claude, on l'a vu par les extraits des circulaires aux élèves, on le voit encore plus clairement par ces entretiens avec les fidèles, c'est
de faire interpréter en esprit de foi l'épreuve
de la guerre et d'en faire sortir des fruits de
conversion. Confiance et réparation, ces deux
idées dominent sa pensée et l'inspirent. Mais
il sait qu'aux âmes sans foi ou de peu de foi la
doctrine de l'expiation est dure à entendre :
« L'orgueil de mes compatriotes n'admet pas
que dans la guerre il y ait une invitation à
réparer et à expier ». Aussi apporte-t-il à la
présenter toute la délicatesse de son talent et
de son cœur.

La rentrée des classes accrut bientôt son
travail jusqu'à l'épuisement. Si jamais il fit
« la classe en prêtre [1] », ce fut dans ce mois
d'octobre où les âmes se prêtaient davantage
à une communion d'esprit et de cœur avec leur
maître.

A mesure que le mois d'octobre s'écoule,
des malaises, dont il ne fait point confidence
autour de lui, dénotent la fatigue croissante
et les atteintes d'une angine de poitrine. On a

---

1. Note de retraite : « Faire la classe en prêtre. Ne pas
craindre d'instituer avec mes élèves une vie de *communauté*, mettre en commun peines, efforts, sacrifices, prières.
Leur *élever* l'âme... Leur donner des *idées*. »

su plus tard, par une lettre du P. Frédéric, à qui Claude l'avait écrit, qu'au cours d'une séance de confessionnal, il avait éprouvé une sensation d'étreinte, et qu'il l'avait surmontée « à force de volonté ».

Est-ce en raison de ces avertissements qu'il fit pour son propre compte une petite retraite au début de cette année scolaire, ou plus simplement agissait-il selon son esprit de foi, en exécution de son règlement de vie et conformément à ses habitudes de retraite annuelle? Après qu'il eut expiré, le premier papier qui frappa les regards de son frère Henri, fut ce billet, bien placé en évidence, sur le bureau.

Retraite 1914-15, fin octobre.

Je prends quelques jours, au milieu de ces mois terribles, pour me recueillir un peu. J'espère les trouver du 20 au 25, aux jours anniversaires de mon sacerdoce et de ma première Messe.

Le 20 au soir bonne confession, — revue où mes penchants à combattre apparaissent en relief, précisant la guerre intime que j'ai à entreprendre. Tout de même trop de dérangements. Examen bien rapide...

21 et 22. — De tristes nouvelles, en cet anniversaire joyeux d'habitude et des visites de consolation à faire!... Pauvres enfants! Qu'est-ce qui aurait dit que je leur survivrais? (J. V. et F. C.)[1].

Tout de même, avec ces classes, ces tâches, ces

1. Il s'agit de Jules Vincent et de François Carrel, tués à l'ennemi.

fonctions diverses, ces sorties quasi nécessaires, est-ce une retraite que je fais? Assurément non! Et il faudra reprendre en décembre, quand les élèves seront partis, un peu de ce travail spirituel...

23-24. — Le départ de Frédéric pour le front... Réflexions utiles. Retour sur soi-même... Que fais-je de bon pour le pays? Qu'au moins l'esprit de sacrifice entre largement dans ma vie actuelle...

La mortification à maintenir de vive force est clairement indiquée. Il y a cependant à craindre le scrupule, la superstition inconsciente. Esprit de largeur et de bonté remettra dans le vrai.

La préoccupation de sa perfection personnelle au milieu de tant de peines et de travaux l'accompagne ainsi jusqu'à la fin.

Le samedi 31 octobre, dans le dernier entretien qu'il eut avec sa sœur Valérie, il lui apprit le prochain départ du petit frère, de Frédéric pour le front. Il en était très affecté, dans la prévision que le généreux jésuite voudrait toujours aller plus loin que son devoir : « Il n'en reviendra pas », assurait-il, et les larmes coulèrent de ses yeux.

Toute cette veille de Toussaint, et, quoiqu'il dût prêcher deux sermons le lendemain, il la passa au confessionnal. Mais le soir, au retour de l'église vers l'école, il est secoué d'une crise violente. Il écrit le lendemain 1er novembre :

J'ai eu hier soir une journée de confessionnal. En

sortant, j'ai dû prendre froid subitement, car j'ai éprouvé une crise d'asthme terrible. Cela a passé tout lentement, et j'ai pu prêcher tout de même à onze heures un des deux sermons que j'avais promis. C'est une leçon : on ne peut être à la fois professeur et vicaire...

Il prend alors pour de l'asthme ce qui était une angine redoutable à forme d'œdème pulmonaire. Cette méprise l'entretient lui et son entourage dans l'illusion d'une indisposition passagère. Et puis, l'ouvrage est là qui attend l'ouvrier.

Tout ce qu'il donne à la fatigue et aux instances des siens, c'est de renoncer à l'allocution qu'il avait promise pour la messe de communion de sept heures, le dimanche de Toussaint. Mais à onze heures, il monte en chaire pour parler aux fidèles de Saint-André-le-Bas, de ce ciel où il touche presque : « Où sont-ils ceux qui nous ont quittés? » Et avec un rare bonheur d'expression, il développe cette pensée qu'au royaume de l'amour les âmes des justes sont « dans la paix... entre les mains de Dieu... donc à l'abri du mal... donc en possession du seul bonheur qui ne trompe pas et qui ne passe pas[1]. »

Sous ses doigts charitables, se renouent

1. Sermon publié à la suite des *Leçons de la guerre :* « Nos Morts », p. 69-78.

entre la terre et le ciel les fils rompus par la mort, les liens de la très pure affection, le commerce si doux des sentiments et de la conversation intérieure :

Mais, je vous entends. Vous dites : Il est trop dur d'en être séparés.

Êtes-vous bien sûrs d'en être séparés? Oh ! sans doute leurs lèvres se sont fermées, leurs yeux se sont éteints, et vous n'avez plus l'espoir de recouvrer leur présence ici-bas. Mais n'y a-t-il pas une autre présence de l'âme délivrée, et qui, pour rester insensible, n'est pas moins précieuse que la présence infirme de la chair? N'en doutez pas — car la foi permet cette croyance — tandis que nous nous en allons tristement sur les routes de la vie, voici que, mystérieusement, descendent vers nous, communiquent avec nous nos amis, nos proches, tous les élus que l'Église fête aujourd'hui... Et quand cela ne serait pas, quand il faudrait nous résigner pour un temps au chagrin de l'absence, croyez-vous donc que nous soyons là-haut des oubliés? Ah! dans leurs entretiens, quels noms voulez-vous qu'il prononcent, si ce n'est les vôtres, mes frères, et de quoi supposez-vous qu'ils parlent à Dieu, si ce n'est, après sa louange, de vos intérêts du temps et de l'éternité? A qui, si ce n'est à vous, pensez-vous qu'ils réservent le droit de puiser au trésor de leurs mérites — capital sacré qui s'augmente d'une richesse infinie, les larmes et le sang du Sauveur Jésus? Et, puisqu'il en faut toujours revenir aux préoccupations qui nous obsèdent, quelle cause voulez-vous enfin qu'ils plaident là-haut, les martyrs de la Patrie, au nom de leur récent sacrifice, si ce n'est la prompte délivrance de vos angoisses et la libération du sol national?

Ne semble-t-il pas en vérité, qu'en élevant les courages, il veuille ici consoler d'avance les êtres chers qu'il est sur le point de quitter?

Après avoir prêché, il se repose, sans inquiétude visible, mais, à sa façon, en admettant les visites, en causant avec enjouement ; un de ses collègues mobilisé à Lyon se trouve là : il l'entretient de longues heures ; le lendemain c'est un Père assomptionniste rapatrié d'Amérique.

Les deux journées de lundi et de mardi, en l'absence des élèves, se passent dans la tranquillité. Plusieurs lettres sont datées de ces jours-là. Ne doit-il pas soutenir, par un mot d'affection et d'encouragement, ses anciens élèves, ses enfants spirituels, que le péril lui a rendu encore plus chers?

La gaieté souriante, la bonne humeur prévaut parmi toutes les raisons de crainte dans cette lettre à un ami, la dernière peut-être qu'il ait écrite, à quelques heures de la mort :

Vienne, 3 novembre 1914.

Je vois que votre vie ressemble fort à la nôtre... Nous aussi nous sommes surmenés ici. Il faut faire à neuf la besogne de quinze : classes, surveillances, promenades ; et dans des locaux de fortune qui me rappellent les temps héroïques de notre fondation. Puis nous avons toujours une maison surpeuplée d'éclopés, dont nous nous occupons tout de même un peu. Ils restent

quelques jours ici, puis cèdent la place à d'autres. Il
y en a eu de la sorte 1.600 depuis septembre.

Je ne continuerai pas le journal de congrégation,
mes ouailles étant rentrées. Quant aux brebis égarées,
je ne sais où les joindre. D'ailleurs je n'ai plus le
temps. Je confesse en ville, je prêche le dimanche
assez souvent : c'est tout ce que je puis faire, je le
vois bien. En revenant samedi soir de Saint-André-le-
Bas, j'ai eu une crise d'asthme où j'ai cru que je res-
tais. C'était la première[1]. Il paraît qu'on n'en finit
plus avec ces histoires-là...

On dit que l'on incorporera, dès 1915, jusqu'aux
hommes de 52 ans... Dans ce cas, je pourrais vous
retrouver sous les drapeaux, près d'un pont. Nous le
garderions ensemble, sous le même parapluie, en
nous remontant le moral...

Ce même après-midi de mardi, il sort du
collège, fait des visites : on le trouve plein
d'entrain, et il semble ne plus se ressentir de
sa fatigue.

Le soir, il descend prendre son repas avec
les professeurs ses collègues, puis il passe
avec eux quelques bons instants chez son
voisin de chambre. Claude aimait beaucoup
ces réunions intimes, où, le travail du jour
achevé, on causait très simplement, très
amicalement, très gaiement. Il ne se plaint
nullement et se mêle comme toujours à la

---

1. Il n'avait donné, on le voit, que peu d'attention à
l'avertissement déjà reçu au confessionnal et qu'il avait
raconté à Frédéric.

conversation; rien ne laisse prévoir le proche dénouement.

On se sépare vers neuf heures. Le lendemain matin, à quatre heures, son voisin de chambre entend frapper contre la cloison une fois, deux fois... Il se précipite... Claude est debout... fait signe qu'il étouffe... prononce avec angoisse : « Thé... Thé... », la boisson qui l'avait soulagé précédemment. Son voisin s'empresse pour satisfaire son désir. Mais quelques secondes à peine se sont écoulées, qu'en se retournant, il le voit sans mouvement assis et tombé par côté sur le lit... Il lui donne aussitôt l'absolution, appelle en hâte son frère, ses collègues, le médecin militaire qui loge dans l'ambulance... Hélas! il faut se rendre à l'effrayante réalité. Claude est mort! On n'a même pas eu le temps de lui conférer les derniers sacrements.

Une même consternation se répand avec la triste nouvelle dans le collège, dans les paroisses, dans la ville de Vienne. Les douleurs particulières font trêve au milieu du deuil général. Devant sa dépouille défilent beaucoup de ses compatriotes, qui disent, les larmes aux yeux, tout le bien qu'il leur a fait, surtout au confessionnal, dans ces trois mois de vie paroissiale et qui le pleurent comme un père.

Les soldats eux-mêmes, pour lesquels Claude était si affable, les sous-officiers de l'ambulance apportent des fleurs. Ils suivront ses funérailles. Quand le cortège sort de l'école, — hommage fortuit mais bien touchant, — les jeunes soldats qui s'exercent sur la place voisine, présentent les armes à celui qui fut bien une victime de l'affreuse guerre. Ses coups ont porté bien plus loin que les champs de bataille.

Les funérailles furent célébrées à l'église de Saint-Maurice que Claude avait tant admirée, aimée, et, sous la présidence de M. le Vicaire général Giray[1], son contemporain de cours.

Selon le règlement du diocèse aucun discours ne fut prononcé. Ce n'est pas l'auteur du *Petit sermon sur l'Ambition*[2] qui eût souhaité que la coutume fut enfreinte en sa faveur.

*
* *

Pour achever de tracer la physionomie de Claude Bouvier, il n'est que de donner ici un extrait de son *Testament spirituel :*

---

1. Devenu évêque de Cahors.
2. Paru sous la signature de Pierre d'Alcanta dans le *Bulletin des Anciens Élèves de Saint-Sulpice,* réimprimé dans *Education Sacerdotale.*

J'espère mourir fermement attaché d'esprit et de cœur à la Sainte Église que j'aurais voulu servir mieux que je n'ai fait. Je prie tous mes parents, mes confrères, mes amis, mes enfants spirituels de me pardonner les peines que j'ai pu leur causer. Je demande pardon à tous ceux que j'ai pu irriter, étonner, scandaliser en quelque façon que ce soit, et sans que je le sache. Je les prie de croire que mes intentions étaient d'ordinaire meilleures que mes paroles et mes actes. Je n'ai jamais souhaité que leur bonheur ici-bas et surtout dans le ciel où j'ai la confiance que nous nous retrouverons un jour. Je les supplie, au nom du Sauveur, de faire tous leurs efforts par leurs prières, par leurs bonnes œuvres, pour que personne d'entre nous ne manque au suprême rendez-vous que le bon Dieu nous assigne au pied de son trône, tout près de son Cœur. Ils voudront bien, notamment, ne pas oublier que mon âme aura sans doute à souffrir longtemps en Purgatoire, et que pour ma délivrance prompte, je ne puis compter que sur la miséricorde de Dieu et sur leurs prières.

Je remercie tous ceux qui m'ont assisté dans mes maladies, tristesses et lassitudes. C'est grâce à eux que ma vie a pu être un peu utilisée (je n'ignore pas que c'est très peu) pendant les années de souffrances physiques et morales que la Providence m'a accordées, sans doute comme une grâce et comme une lumière sur mon néant.

J'ai rencontré des joies bien fortifiantes auprès de la famille spirituelle que le bon Dieu, dans sa miséricorde, m'a fait trouver à l'école Saint-Maurice. Il me semble que, si le bon Dieu m'accorde la grâce d'aller vite au ciel, ce sera encore une part de ma félicité de présenter à Notre-Seigneur cette famille, et de m'occuper d'elle, plus même que je n'ai pu le faire dans ce monde.

J'ai une vive crainte des jugements de mon divin Maître, mais je m'abandonne à Lui de tout mon cœur et j'ai une immense confiance dans sa bonté.

C'est pourquoi je supplie tous ceux que j'aime de considérer que la mort est la plus grande faveur que Dieu me puisse faire, *si l'on prie beaucoup pour moi...*

*
* *

Claude avait écrit un jour dans une de ses lettres :

Mgr d'Hulst que je n'ai vu et entendu que trois fois dans ma vie restera une des grandes admirations de ma jeunesse sacerdotale. Et tout chétif que je suis, c'est encore une grande perte que *je* fais en lui. Je ne puis vous cacher que dans mes rêves les plus fols d'orgueil, c'est à lui que j'aurais voulu ressembler; et que, dans mes désirs les plus vifs de perfection sacerdotale, c'est encore cet idéal qui est venu souvent déjà ranimer mon courage prêt à défaillir.

Comme Mgr d'Hulst avait agi, sans le savoir, et combien profondément! sur le moral de tant de prêtres, ainsi Claude, par ses exemples et sa réputation, rayonnait bien au delà du cercle de son activité immédiate.

En voici un témoignage fort touchant.

Vous ai-je dit que j'avais souvent entendu parler de M. Claude... C'était sur les rives de l'Isère, loin des bords du Rhône... A nos camarades à qui on parlait de M. Claude Bouvier, comme à moi-même, votre frère apparaissait comme le prêtre que nous rêvions plus ou moins d'être. Quel est le séminariste intelligent et laborieux qui ne s'est pas proposé de réaliser plus tard, d'incarner, si je puis dire, l'homme d'étude, l'homme de science dans le prêtre parfait... Telle était notre plus chère ambition...

Et ces aspirations, nous les trouvions réalisées en la personne de votre frère. Jeune homme ou séminariste, on se trouvait tout naturellement attiré vers lui. Et la raison en était d'abord dans la fraîcheur, la jeunesse d'âme de M. Claude, et ensuite, dans la grande bonté avec laquelle il se prêtait à toutes les confidences des jeunes gens, les accueillant toujours comme un grand frère, les conseillant très judicieusement, en basant ses conseils sur les aspirations de l'âme qu'il découvrait si bien...

Puisse le récit de sa vie étendre encore le champ de son influence bienfaisante et en prolonger l'action spirituelle !

APPENDICE I

Extraits du journal de Madame Bouvier
du 1ᵉʳ janvier 1876 au 12 juin 1877.

1ᵉʳ janvier 1876. — Voici une nouvelle année !
Que m'apporte-t-elle? Hélas! ce qu'elle emporte, la
souffrance physique, et avec elle, la faiblesse morale qu'elle occasionne, ces défaillances si pénibles
en face du travail et du devoir.

Ce matin le sourire est sur mes lèvres pour
accueillir mes enfants, mais dans mon cœur que
d'angoisses pour eux! Reverrai-je encore naître
une nouvelle année? Serons-nous tous réunis?

Mon Dieu enlevez de mon cœur ces noirs présages, l'avenir est à vous.

Je n'ai pas pu ce matin m'unir à vous dans la
communion, mais soutenez-moi!

16 janvier. — Je me prépare à célébrer demain
la fête de mon père. Hélas! quand je fais un retour
sur le passé, que d'exemples il m'apporte, quelle
expérience il devrait me donner.

Mon Dieu, je veux en profiter. Ce soir je suis
heureuse. J'ai retrouvé dans l'aveu de mes fautes
le calme et le bonheur. En vous, en vous seul, le
calme et le bonheur.

18 janvier. — Me voici toute à Dieu, toute à mes enfants; dans leurs prières enfantines, dans leurs regards respire la joie. Oh! que de satisfactions intimes dans ce spectacle de tous les instants. Ils sont à moi, ces chers petits êtres, et leur conduite si droite et leur innocence angélique me donnent de la joie.

21 janvier. — Mon Dieu, mon Père, vous nous avez unis. Donnez à mon cœur, à mes paroles, à ma conduite tout ce que je ne sais pas exprimer. Vous seul, mon Dieu, vous seul, vous connaissez mes larmes; faites-moi de plus en plus mourir à moi-même; m'oublier complètement sans rechercher de satisfactions passagères.

26 janvier. — Le découragement s'empare de moi. Je suis bien souffrante. Je passe des nuits sans sommeil, occupée à faire des rêves bien tristes. La séparation de ces petits êtres à qui je me suis donnée me navre le cœur.

29 janvier. — Claude est malade. Pauvre enfant, j'ai bien peur qu'avec le lait de sa mère il n'ait acquis sa mauvaise santé. Je le soigne et je l'aime sans faiblesse, comme je les aime tous; mais je suis attristée de le voir s'arrêter dans ses études; attristée de le voir quelquefois fantasque et capricieux.

Mon Dieu, frappez la mère, mais épargnez les enfants. Accumulez sur moi en peines et en souffrances toutes leurs fautes, mais faites qu'ils soient bons, qu'ils soient vertueux.

2 février. — Suis-je dans la voie véritable? Est-ce que je ne me laisse pas trop aller à m'écouter, à

me soigner? Je ne sais jusqu'où je dois aller, où je dois m'arrêter. Je me soigne pour mes chers petits. Ils occupent toute ma pensée et tous mes instants. Eux seuls ne me laissent jamais le cœur déçu.

5 février. — Messe d'anniversaire pour mon père. Je ne puis y assister; découragement profond, souffrances physiques et morales de tous les instants. Mon Dieu, mon Père, pitié, venez à mon secours, toute mon énergie et mon courage se brisent. Je ne puis plus remplir mes devoirs. Serai-je obligée d'abandonner mon seul bonheur, l'instruction, l'éducation de mes chers enfants? J'ai tant de choses à leur graver dans le cœur et dans le souvenir.

Mon Dieu, quelques années encore à les aimer, à les conduire dans vos sentiers, dans votre amour, quelques années encore pour eux!

19 février. — J'ai peur de la mort! Suis-je bien préparée, pour paraître aux yeux de Dieu si juste et si saint? mais surtout, je ne puis me résigner à abandonner mes chers petits. Ils sont si bons, ils me donnent tant de satisfaction. Valérie, Henri, Frédéric, charmant petit trio où je trouve toutes les qualités du cœur. Laissez-moi quelques années, mon Dieu, jouir et aider, si j'en suis digne, au développement de ces intelligences. Laissez-moi le temps de bien graver dans leur cœur votre amour et l'amour du devoir.

23 février. — Mes forces s'en vont : je suis oppressée et je voudrais vivre; vivre pour mes chers petits.

Mon Dieu, si vous voulez ce sacrifice, s'il est ordonné irrévocablement, donnez-moi la force, la résignation, ou plutôt, laissez-moi bien souffrir, si vous leur appliquez en vertu et en bonheur toutes mes angoisses et mes inquiétudes.

25 février. — Je suis seule et je puis pleurer, me soulager un peu. Je ne les vois pas, mes chers petits. Ils sont allés prendre l'air, le soleil, et faire une petite prière à la Salette. Claude est toujours souffrant. Pauvres petits, et quand je ne serai plus là, vous souffrirez aussi, et je ne pourrai plus partager vos peines ; mon cœur ne peut se détacher de vous et appeler à son aide les vérités consolantes de la religion.

27 février. — Pour moi je n'ai pas d'espoir. J'ai vu ma santé s'en aller graduellement. J'ai pu suivre toutes les phases de ma maladie. Il faudrait un miracle, et j'en suis trop indigne.

Ai-je toujours bien accompli ma tâche ? Je les ai bien aimés, mais ai-je su les aimer comme Dieu le demande ? Mon cœur leur est trop attaché.

Saint Joseph, je vous en supplie, préparez-moi à la mort et demandez à Dieu qu'il mette dans le cœur de ceux qui tiendront ma place du dévouement, de l'amour pour eux, un amour éclairé qui leur apprenne à vivre avec Dieu et à mourir avec lui.

16 mars. — Oh ! frappez la pauvre mère par les épreuves, les contrariétés, les souffrances, mais que toutes ces souffrances lui servent à assurer le bonheur éternel de son mari et de ses enfants !

Rendez la vue à Claude, pauvre enfant, et faites

surtout qu'il s'en serve pour s'instruire de vos divines lois, et répandre plus tard votre doctrine et votre amour.

Saint Joseph, oh! enlevez-lui cette infirmité et tous nous vous bénirons.

Août-septembre. — Les vacances ont amené de la gaîté, de la vie, du mouvement, non dans ma vie, mais dans celle de mes enfants.

Je suis bien heureuse de leur bonheur. La santé de Claude s'améliore, son caractère aussi. Ses yeux sont presque guéris. Oh! que la croix est légère quand tout ce qui vous entoure respire le bonheur. Oh! oui, mon Dieu, pour moi la souffrance, pour eux le bonheur; mais surtout les moyens d'arriver au bonheur éternel.

Octobre. — Tout rentre dans le calme et le travail. Mon Dieu, je ne puis parler longtemps. Donnez-moi de persuader sans parler. Vivez en moi, rendez-moi pure et sainte, afin que mon exemple persuade et encourage tous ceux qui m'entourent, enfants, domestiques.

Voici bien longtemps, mon Sauveur, que je n'ai pu aller vous recevoir. Oh! venez me visiter, donnez-moi votre esprit. Je souffre bien de ne pouvoir aller au banquet de votre amour.

4 mars 1877. — Que je vous suis reconnaissante, mon Dieu, de m'avoir envoyé cette maladie pour me détacher, pour me montrer votre amour.

Il me fallait les souffrances, les infirmités de la maladie pour épurer mon pauvre cœur, pour m'éclairer sur la valeur des affections de la terre.

5 mars. — Que ferais-je sans vous, oh! mon

Jésus, sans ces sentiments d'amour dont vous avez rempli mon cœur ! Vous remplissez ma vie de paix et de calme. En vous seul, mon espérance et mon refuge.

31 mars. — Mon Jésus, vous me donnez la meilleure part ; vous me faites partager vos souffrances.

Je suis bien fatiguée aujourd'hui. Demain Pâques. Le soleil semble concourir à la fête. Tous semblent joyeux ; mes enfants se réjouissent, et moi je fais la volonté de Dieu, je souffre et j'espère, j'aime mon Dieu dans la peine comme dans la joie. Appuyée sur son cœur, mes peines s'allègent, je suis plus calme.

5 avril, vendredi. — J'ai eu le bonheur de faire mes Pâques dans ma paroisse entourée de mes chers enfants. Toutes mes prières ont été pour mon mari, pour eux. Le calme règne dans mon cœur et presque la joie. Je suis forte : Jésus est avec moi pour m'aider, me consoler.

8 avril. — Arrivée à la campagne.

Ce départ, qui me préoccupait tant, s'est effectué sans peine. Que la nature est belle ! Le temps est splendide. Comment peut-on aimer autre chose que le Créateur qui pour nous a fait tant de merveilles ? Rien ne peut exprimer les jouissances que mon cœur éprouve en face de ce spectacle.

Juin. — Pourquoi ai-je le cœur si triste, rempli d'angoisse et d'inquiétude ?

Mes nuits s'écoulent dans les souffrances, les larmes, en face de mon crucifix, je ne puis trouver la force du sacrifice !

Vous avez voulu le doubler, oh! mon Dieu, en me donnant à chérir tous ces enfants, à vivre de leur vie, à en être entourée ; et à chaque instant le glaive de la mort vient menacer mes jours et menacer de m'enlever à mes enfants chéris. Vous ne voulez donc pas que je les accompagne et que je dirige leur vie, leurs actions? Il faudra les quitter.

Oh non! mon Dieu, non! n'exigez pas ce sacrifice : quelques années encore pour que la raison les guide, pour que mon souvenir leur reste.

15 août. — De longues journées se sont écoulées dans la souffrance et l'inquiétude poignante de quitter ceux que j'aime..... Je vais mieux, mes forces reviennent, et je puis me remettre à la direction de tous ces êtres chéris. Mon Dieu, m'auriez-vous écoutée? Est-ce que vous voulez m'accorder quelques années pour les aimer et leur apprendre à vous aimer? Je veux respecter votre volonté. Mon âme, mon cœur ont besoin d'être aiguillonnés par la souffrance pour m'apprendre à humilier mon orgueil et à me courber sous la main qui me frappe.

A toutes mes souffrances s'ajoute la perspective de l'exil : quitter mes enfants chéris quand il me semble que j'ai si peu de temps à les voir, à en jouir! La mère du pauvre expire dans sa cabane près des siens; ils l'entourent et lui ferment les yeux; et je pars avec cette pensée : « Je mourrai loin d'eux, en pays étranger ». Mon Dieu! *Fiat! Fiat!* ne m'abandonnez pas dans cette peine cruelle.

Novembre. — Je suis dans un pays magnifique, la nature a revêtu ses plus beaux ornements, fleurs et verdure au mois de décembre. Ce soleil semble me ranimer, me donner de la force ; j'ai quelques lueurs d'espoir.

25 décembre. — Jour de Noël. J'ai reçu mon Jésus à minuit, dans mon lit, hélas! Il est venu visiter sa pauvre enfant revenue à toutes ses souffrances. J'entends de mon lit des concerts magnifiques, des Noëls chantés en chœur par des familles chrétiennes, nobles par le cœur et le sentiment. Il me semble être revenue à la foi primitive.

1er janvier 1878. — Hélas ! toutes ces dates qu'apportent-elles à mon cœur meurtri par la souffrance? De la tristesse et de la joie. Oh! oui de la joie dans mes chers enfants : mon mari est si bon, si dévoué pour moi. Mes larmes coulent malgré moi, en voyant combien ils comptent sur mon retour à la santé! Dieu fera un miracle pour leur foi si pure et leurs souhaits si sincères.

6 janvier. — Vous êtes toutes passées, belles fêtes, beaux mystères de notre religion et je n'ai pu assister à aucune cérémonie, messe ou sermon, et je ne le regrette pas. Dieu a choisi la maladie pour moi : je l'accepte, heureuse de ne pas toujours donner aux miens le spectacle de mes souffrances, de mes défaillances parfois. Je suis seule! Jésus seul voit tout, a le secret de tout ce qui se passe dans mon âme.

15 janvier. — Nuit pénible, crachement de sang. Mon Dieu, que voulez-vous de moi?... Le sacrifice, la mort à moi-même.

17 janvier. — Vous l'avez choisi pour moi, mon Dieu, ce sacerdoce de la souffrance. S'il doit

retomber en bénédictions sur mes enfants, merci !..
Saint Joseph, patron de la famille, aidez-moi à
souffrir, aidez-moi à mourir !

24 février. — Jour de l'anniversaire de Claude.
J'ai communié et prié avec ferveur pour lui. Je
vous l'ai confié, mon Jésus ; il est entre vos mains
conduisez-le, prenez-le pour votre service : et ce
sera mon plus grand bonheur !

2 mars. — Reçu une lettre bien affectueuse de mon
mari. Que c'est bon de se sentir aimé !... Soleil,
chaleur... Je me suis levée à 8 heures. J'ai entendu
deux messes ; puis, je suis allée dans la rue d'Anti-
bes où j'ai acheté des fleurs et une boîte pour les
envoyer aux miens. Je n'étais pas fatiguée en rentrant. J'ai déjeuné à la salle à manger, écrit à mon
mari. A vêpres, à 3 heures, sermon du Père Guigou.
A 8 heures du soir, j'ai craché du sang sans être
plus souffrante.

8 mars. — Mon Dieu, je veux être en retraite
pendant ce Carême, faire jeûner ma langue, n'avoir
que des pensées charitables, montrer mon amour
à Dieu si bon, malgré toutes mes offenses et mes
faiblesses dont je rougis chaque jour.

25, lundi. — *Annonciation*. — Cette nuit a été
bonne. Ce matin j'ai reçu mon Jésus, puis je suis
venue dans ma chambre pour faire mon action de
grâces. Je suis bien, seule avec mon Jésus. Privée
de tout ce que j'aime, lui seul remplace ma famille
bien-aimée. Je veux qu'il me guérisse, que je rapporte à mon mari, à mes enfants, à mes sœurs si
dévouées pour moi, mon cœur pour les aimer,
une volonté ferme, juste et douce, la piété pour

adoucir mes petites épreuves et m'aider à donner le bon exemple à tous ces êtres chéris que je veux avoir au ciel avec moi, si vous m'aidez de votre secours, bonne Vierge Marie...

2 avril. — Je reste au lit et dans ma chambre. Je suis bien souffrante. J'ai mal au cœur et je tousse beaucoup. Mon Dieu, vous le voulez : me donner et m'enlever tour à tour l'espoir de mon retour à la santé. Cette nuit je voyais mes chers petits enfants venant me voir à Cannes pour la dernière fois. Les tableaux les plus navrants se sont présentés à mon imagination, mais dans ma douleur, et en suppliant Jésus d'éloigner le calice, je lui disais cependant, et avec mon cœur : *Fiat!*

4 jeudi. — Je suis très faible, bien souffrante. Je fais avec mon Jésus la Sainte Quarantaine, disant avec lui : « Mon Dieu, que ce calice s'éloigne de moi!... Vous le voudrez ; vous me rendrez à ceux que j'aime. Donnez-moi le courage, la force, la patience. Épurez en moi tout ce qui vous déplaît, cette promptitude à juger les autres, à ne pouvoir souffrir une contradiction. »

6-7 avril. — Mon Dieu, aidez à ma faiblesse, sauvez-moi. Je souffre. Si vous ne venez à mon aide, je ne reverrai pas Vienne !

15 avril. — Semaine sainte passée dans la souffrance. Avec mon divin Maître, mes jours et mes nuits s'écouleront. Je le regarde sans lui rien dire, mais il me comprend.

22 avril. — J'ai reçu des nouvelles de mon mari, de mes enfants. On me comble d'affection et ces témoignages, dont je serais si fière, me brisent le

cœur. Il me semble que c'est pour si peu de temps qu'ils me sont donnés, qu'il me faudra quitter tout sans leur avoir donné le bonheur qu'ils méritent.

24 avril. — Crachements de sang, sans aucun motif, dans ma chambre.

29 avril. — Je ne vais pas mieux. Où sont-ils, mes rêves de revenir plus forte, de faire une surprise à ceux que j'aime ?

9 juin. — Rentrée dans ma famille je renonce à dépeindre mon bonheur. Le voyage a été bien pénible, la chaleur accablante m'a fait cracher du sang, et combien j'ai dû péniblement impressionner mon mari, me recevant aussi souffrante après ces longs mois de sacrifices mutuels. Mon Dieu, merci ! Vous avez voulu me donner la joie du retour. J'ai retrouvé mes enfants, tous ceux que j'aime et qui me sont dévoués. Je ne demande plus rien, le bonheur n'est-il pas de les voir à tous les instants, de vivre au milieu d'eux ? Merci, bonne mère Marie ! Saint Joseph faites que ma conduite, mon amour vous disent ma reconnaissance.

10 juin. — Quelques jours, et déjà des nuages, de la douleur. Depuis bien longtemps j'attendais une joie bien pure : l'espoir d'accompagner pour la première fois mon Claude à la Sainte Table. Ce bonheur m'est refusé. Mes enfants iront toujours seuls dans vos sanctuaires. Leur pauvre mère ne peut les accompagner ; son cœur est avec eux ; mais ils sont orphelins ; nous ne pouvons au pied du même autel faire monter ensemble nos prières et nos vœux.

12 juin. — C'est la volonté de Dieu que j'accomplis, et je ne sais point faire mon sacrifice.

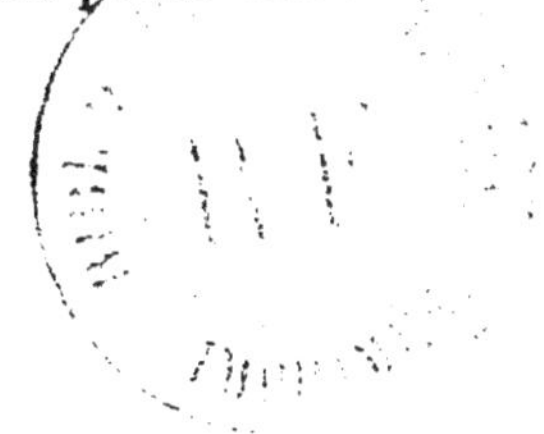

[illegible]

APPENDICE II

**Brouillon inachevé des dernières recommandations
de Mme Bouvier à son mari.**

La mort viendra peut-être bientôt m'arracher à
ton affection et à l'amour de mes enfants. Les
desseins de Dieu sont impénétrables : je ne puis
que m'y soumettre, et je fais le sacrifice de ma vie
pour ton bonheur et celui de mes enfants. Vous
prierez afin que mes fautes soient effacées et qu'au
ciel je puisse veiller sur vous et vous attendre.
Être tous réunis, vous revoir tous : voilà ma seule
consolation !

J'aurais bien voulu partager avec toi la douce
tâche de les élever, de les voir grandir dans notre
amour et celui du devoir; mais Dieu connaît ta
force et ton cœur si aimant pour eux ; il t'ordonne
de laisser maintenant toute la satisfaction que tu
avais dans un service rendu, pour te consacrer entièrement à ces pauvres petits, qui tous les jours,
et à chaque instant du jour, réclameront ta prévoyante et paternelle sollicitude. Sois ferme pour
eux; ne leur procure pas tout ce qu'ils désirent;
apprends-leur le sacrifice : la vie en est remplie,

et s'ils ne savent pas en faire, ils seront malheureux.

Mets Valérie dans un bon couvent : qu'elle retrouve près de bonnes religieuses la tendresse d'une mère. Pauvre enfant, c'est à elle que manqueront le plus mes caresses et mon amour. Dans quelques années, elle sera ton ange ; elle me remplacera auprès de toi. Oh! comme je prierai pour que Dieu remplisse son âme et son cœur de toutes les vertus qui pourront te donner un peu de bonheur! Hélas! moi, je n'ai pu te donner qu'une vie tourmentée et inquiète. Dieu m'a envoyé la souffrance : qu'il en soit béni! Aussi, si quelques légers nuages s'étaient élevés entre nous, pardonne-moi : j'ai été bien à toi et à mes enfants, et Dieu, je l'espère, sera indulgent.

Antoine, mon cher enfant, réfléchis sérieusement; que ma mort te soit une leçon! Rappelle-toi bien tout ce que je t'ai dit sur tes devoirs, en particulier l'obéissance et le respect pour ton père. N'oublie jamais ta prière et un « Souvenez-vous » pour ta mère tous les jours. Ne trompe jamais ton père, même s'il t'arrive de faiblir. Oh! avoue-lui ta faute, et surtout, mon pauvre enfant, songe que tu as des devoirs à remplir, que tu dois l'exemple à ces pauvres petits qui n'entendront plus ma voix et l'auront bien vite oubliée.

Toi, mon Claude, aime bien le bon Dieu. La sainte Vierge sera ta mère; tu lui confieras tes petites peines ; tu lui demanderas son secours... Tu consoleras ton père par ta conduite et ton travail. Un « Souvenez-vous », tous les soirs, pour ta mère, avec Valérie, Henri, Frédéric, gracieux petits anges que Dieu m'avait envoyés. Vous n'êtes pas sans mère. Dieu la remplacera grâce à l'amour tendre et dévoué de vos tantes... Si Dieu me fait miséricorde, vous aurez une mère au ciel.

Dirige, mon cher ami, la vocation de tes enfants, mais ne l'empêche pas... Vis avec eux. Sors avec eux... Ton cœur me dit que je puis chasser toute inquiétude et te laisser gouverner tout seul ces chers enfants, que nous aurions été bien heureux de conduire à nous deux.

Au revoir, mon ami, pense souvent au ciel, prie! Accompagne tes fils à la table sainte, aux offices... Espère que nous serons réunis un jour. Cet espoir seul me soutient et me fait accepter avec résignation le sacrifice que Dieu me demande...

TABLE DES MATIÈRES

TYPOGRAPHIE FIRMIN-DIDOT ET Cⁱᵉ. — MESNIL (EURE). — 1926.